海南大学东坡西岸
会计人文丛书

事业单位全面预算绩效管理实践与案例

许能锐 杨平平 李万春 张晓杰 等 ◎ 著

中国财经出版传媒集团
中国财政经济出版社
·北京·

图书在版编目（CIP）数据

事业单位全面预算绩效管理实践与案例 / 许能锐等著. -- 北京 : 中国财政经济出版社, 2025. 3. -- (海南大学东坡西岸会计人文丛书). -- ISBN 978-7-5223-3666-4

Ⅰ. F812.3

中国国家版本馆CIP数据核字第2025V5G315号

责任编辑：樊清玉　马　真　　　　责任校对：张　凡

封面设计：智点创意　　　　　　　责任印制：史大鹏

事业单位全面预算绩效管理实践与案例

SHIYEDANWEI QUANMIAN YUSUAN JIXIAO GUANLI SHIJIAN YU ANLI

中国财政经济出版社 出版

URL：http：//www. cfeph. cn

E－mail：cfeph@ cfeph. cn

社址：北京市海淀区阜成路甲 28 号　邮政编码：100142

营销中心电话：010－88191522　编辑部电话：010－88190957

天猫网店：中国财政经济出版社旗舰店

网址：https：//zgczjjcbs. tmall. com

涿州汇美亿浓印刷有限公司印刷　各地新华书店经销

成品尺寸：170mm×240mm　16 开　15 印张　200 000 字

2025 年 3 月第 1 版　2025 年 3 月河北第 1 次印刷

定价：67. 00 元

ISBN 978－7－5223－3666－4

（图书出现印装问题，本社负责调换，电话：010－88190548）

本社质量投诉电话：010－88190744

打击盗版举报热线：010－88191661　QQ：2242791300

本书作者

（按姓氏笔画排序）

许能锐

李万春

李彦敏

杨平平

张晓杰

赵美荣

徐　红

徐贵丽

董文杰

丛书总序

在阳光明媚、有碧海椰林的海南岛上，我站在南渡江入海口，眺望落霞，吹着海风。从湖南到海南，这不仅是地理上的迁徙，更是心灵上的更替。“重出江湖远，再入河海宽。”在海南大学，我找到了自己的“海阔天空”，也希望能借着自由贸易港建设的春风，将我的会计生涯推向新的“海阔天空”。

正如我在《财权流：从一种学说到一世禅悟》中所探讨的，会计学不只是一门科学，更是一种艺术、一种生活、一种哲学，还是一种人文。我有幸得到海南大学厚爱，学校在全校最美的东坡湖西畔给了我一个两面临湖的办公室，在西岸为我提供了一片可自由耕耘的土地——我们将其取名为“东坡西岸”。这个名字，既寓意着对东坡文化的历史传承，也希望我们的会计文化能东西贯通、文明互鉴。

在“东坡西岸”工作室，经团队共同努力，海南大学会计学专业入选国家级一流专业建设名单，并成功入选教育部首批新文科研究与改革实践项目；与教育部中外人文交流中心合作共建了全国第一家“会计中外人文交流研究院”；和安永研究院、加拿大CPA、毕马威等国际一流会计事务所和会计师协会建立了战略合作关系；与中国人民银行海南省分行、中国农业银行海南省分行共建了“自贸港反洗钱教育基地”，并且在MPAcc下开设了全国首个反洗钱理论与实践方向，助力自贸港反洗钱事业；海南大学会计学专业在中国软科的排名，从2018年的一百名开外提升到了现在的三十几名。这些成就，是团队智慧的结晶，是所有在“东坡西岸”工作室坐镇和做客的专家教授辛勤耕耘的结果。海南大学会计学专业致力于实现国际化发展，拓展国际交流与合作是重要途径。

会计，作为世界通用的商业语言，是中外人文交流的重要领域和载体。基于此，我们特别出版了这套“东坡西岸会计人文丛书”。希望通过它，让更多人了解、理解、爱上会计。会计不只是数字游戏，也是文化交流和智慧传承。技术越进步，经济越发展，产权越精细，会计就越重要。虽然在人工智能（AI）冲击下，很多人担忧会计职业的前景，认为会计职能可能在一定程度上被AI取代，但会计中的人文是AI无法取代的，所以未来会计人文更值得我们重视。

在此，感谢每一位参与丛书编写的同仁，是你们的辛勤付出让丛书问世。同时，感谢每一位读者，是你们的支持与鼓励让我们有前进动力。

最后，愿这套丛书成为您会计旅途中的明灯，照亮前行的道路。让我们一起在会计人文世界里遨游四海、探索无限。

海南大学“东坡西岸”工作室

2024年11月8日

序

一个秋高气爽、风和日丽的上午，许能锐同学发微信给我，说想请我为他们的书写一个序。我惶恐回复，承蒙抬爱，才疏学浅，恐担当不起啊。这是实话。我们全国会计领军班（全国高端会计人才培养工程）行政七期卧虎藏龙，有太多才子。可能锐同学再三邀请，最后居然给出了一个让我无法拒绝的理由："谁让你的名字里有个'旭'字，那不就是意味着，得让你写序嘛！"既然如此，那就感谢父母给了我这个名字，心怀忐忑、字斟句酌写一篇学习体会吧。

这本书的9位作者都是来自我全国高端会计人才培养工程行政事业类七期的同学，许能锐同学领衔编著了这本专著。回顾我们班成立的过程，从2018年8月到12月，我们经过财政部组织的资格审查、笔试、面试，终于被录取，当时项目名称还是"全国会计领军人才"，至今我们已同窗6年多。这段时间里，我们一起参加培训、上课学习、西部送教、交流分享、共同成长，结下了深厚的友谊。这本书不仅是他们智慧的结晶，也是我们共同学习经历的见证。

本书的主题是全面预算绩效管理，我与其他同学也做了这方面课题研究。认真阅读之后，我认为本书堪称近年全面预算绩效管理的佳作。作者首先介绍了全面预算绩效管理理论中的公共选择理论、委托代理理论、新制度经济学理论、新公共管理理论、平衡计分卡及公平理论等，并介绍了在研究中采取的研究方法体系。

通过介绍事业单位背景和必要性，强调了在当前内外部环境复杂的情况下，我国经济复苏过程中事业单位高效配置和使用资金的重要性。分析了事业单位在全面预算绩效管理中存在的问题，如预算管理思想陈旧、预算编制粗糙、缺乏有效的考核机制等。针对这些问题，提出了数字技术应用于全面预算绩效管理的可行性分析，包括大数据技术、区块链技术和云计算技术等。这些技术可以提高预算编制的准确度，加强内外部控制与监督水平，实现预算的数字化、自动化和智能化。

我国正处于预算绩效管理全面铺开向优化评价和稳定运行迈进的阶段。这本书收集的四类事业单位的预算绩效管理经验，涵盖了国有文艺院团、省属高校、公立医院、考试中心等多个领域的案例研究，旨在为事业单位提供全面预算绩效管理的实践指导。通过这些案例，我们可以更好地理解预算绩效管理的内涵和实施方法，为实际工作提供参考。这也是本书最大的特点。

铁肩担道义，妙手著文章。我希望本书的作者，以及我所有的同学们在工作和生活中继续努力，百尺竿头，更进一步，取得更大的成就，收获更多的快乐，为国家的财政改革与发展事业、为会计行业作出更大的贡献。

在学习本书的研究成果时，颇有感慨。回首往事，在历次集训期间，领军班的同学们认真学习、比学赶超，让人感怀。首次集训，我填了一首《水调歌头·心流》，一直没有发表，念及能锐同学情真意切，历次催稿，这次就写一赠一，贡献出来，权作为这篇学习体会的结尾和祝福吧。

人生几回搏，奔跑忘忧愁。追逐时代梦想，英才遇九州。探索会计本源，新科跨界追求，鹭岛初聚首。六十同学情，齐声汇心流。

国会院，大讲堂，灯如昼。名师引领，激荡思维斥方遒。向着伟大复兴，向着领军使命，启航驾飞舟。万里万卷书，热血写春秋。

是为序。

2024年12月9日晚于香江

前言

我国预算绩效管理开始于21世纪初，从探索开展预算支出绩效评价起步。2003年，党的十六届三中全会将“建立预算绩效评价体系”确定为财政预算改革的核心内容，拉开了我国预算绩效管理改革的序幕。之后，我国预算绩效管理经历了事后绩效评价扩围、加强事前绩效目标管理、开展全过程预算绩效管理等阶段。

2018年7月，中共中央、国务院发布《关于全面实施预算绩效管理的意见》，将全面实施预算绩效管理上升到国家战略高度，提出了加快建成全方位、全过程、全覆盖的预算绩效管理体系的目标。经过多年的努力，“花钱必问效、无效必问责”的理念成为基本共识，预算绩效管理制度体系的“四梁八柱”已经搭建完成：全方位的预算绩效管理格局基本形成，政策和项目逐步拓展到政府和各部门，构建了“三位一体”的预算绩效管理层级；全过程的预算绩效管理链条基本建立，预算编制、执行、监督、决算等环节实现了与绩效目标管理、跟踪监控、评价、结果应用等环节的有机统一，建立起预算立项有评估、预算编制有目标、预算执行有监控、预算完成有评价、评价结果有应用的事前、事中、事后闭环链条；全覆盖的预算绩效管理体系逐步健全，将一般公共预算、政府性基金预算、国有资本经营预算、社会保险基金预算四本预算全部纳入绩效管理，将各部门的预算收支全部纳入绩效管理。通过实施全面预算绩效管理，实现了从“要我有绩效”向“我要有绩效”的转变，财政资源统筹能力、配置效率和使用效益持续得到提升。

当前，我国进入新发展阶段，正处于以中国式现代化全面推进强国建设、民族复兴伟业的关键时期。面对纷繁复杂的国际国内形势，积极的财政政策必须持续加力提效；面对突出的财政收支矛盾，必须通过加强预算绩效管理来强化开源节流。党的二十届三中全会提出深化财税体制改革，要求加强公共服务绩效管理，强化事前功能评估。习近平总书记在中央经济工作会议上强调，要提高财政资金效益和政策效果。预算制度是财税体制改革的核心，如何将效率、效益、公平和可持续等绩效管理理念融入财税体制改革，如何在当前财政运行紧平衡的状态下更加有效地发挥财政职能作用，都对进一步推动全面实施预算绩效管理提出了更高的要求。

事辍者无功，耕怠者无获。路虽远，行则将至；事虽难，做则必成。全面实施预算绩效管理是一项长期的系统性工程，必须持续推进。预算绩效管理的核心是绩效标准体系建设，而绩效标准体系建设的基础是绩效指标。标准化建设一直是预算绩效管理的难点，目前仍未能建立全国统一的分行业、分领域的绩效指标和标准体系，部分绩效指标科学性不强、精准度不高，造成绩效评价结果不全面、不客观，已经成为提升预算绩效管理水平的瓶颈，也是下一步推进改革的难点。事业单位是实施预算绩效管理的重要主体，院团、医院、高校等单位如何进一步完善预算绩效管理机制、科学设置绩效管理指标，需要汇集各方力量、深入研究，积极建言献策。

在全面实施预算绩效管理进入新阶段的背景下，来自全国高端会计人才培养工程行政事业类七期的四个课题组，编撰了《事业单位全面预算绩效管理实践与案例》一书。本书分别以国有文艺院团、高校、公立医院、人才评价事业单位的绩效管理实践工作为基础，提炼经验，创新思路，力求探索可操作的预算绩效管理实施路径和方法，为各类事业单位实施预算绩效管理提供借鉴和参考。

本书重点聚焦健全事业单位预算绩效管理指标体系建设，坚持问题导向、结果导向，有效应用国内外预算绩效管理研究成果，深入剖析了部分典型案例。第2章介绍了A院团运用平衡计分卡进行综合业绩评价的管理实践，对平衡计分卡的应用进行了有益探索。第3章基于平衡计分卡理论，构建大学“双一流”建设绩效评价指标体系，对B综合性研究型大学的“双一流”建设情况进行绩效评价。第4章通过C公立医院薪酬改革案例分析，研究建立符合医疗卫生行业特点的与绩效评价结果挂钩的阳光薪酬制度，希望引导公立医院更加注重内涵建设，优化资源配置。第5章通过D单位人才评价类考试项目绩效指标设置与优化案例，提炼出项目支出绩效指标制定的“立足核心职能、向上战略拔高、向下任务延伸、全面细化指标、统筹协调部门、注重集体决策”36字方法。第6章对大数据、区块链、云计算等数字技术应用于全面预算绩效管理的可行性进行了前瞻性的分析，并对事业单位在数字技术背景下推进全面预算绩效管理提出建议。本书凝聚了笔者的思考和心血，为事业单位全面实施预算绩效管理提供了一张“施工图”，希望能给实务工作者提供借鉴。

本书编写过程中，海南大学的几位会计学研究生和本科生也参与了部分工作。邹四海参与了最初的材料汇编和文字整理工作，马佳灵、张立婷、林芷妍、徐嘉潞、郭芳妤参与了后期的文字修改和校对。感谢上述同学一丝不苟的工作！

本书的写作和出版，得到了厦门国家会计学院课题经费的支持；得到了海南大学科研启动经费项目“社会主义核心价值观融入脱贫攻坚长效机制的产权视域研究（RZ2100001082）”的支持；得到了湖南省社科基金重大项目（学术湖南）“财会监督的信任机制设计及实施路径研究”（23ZDAJ022）的支持。在此一并表示感谢！

虽然本书的作者尽心竭力，但由于自身水平有限，难免有不足之处，恳请读者批评指正。

2024年12月11日

目录

第1章 引言

1.1 引　言

当前中国财政面临多重挑战：一方面，财政收入增长乏力，受房地产税收收入偏低、消费低迷和结构性减税降费政策影响，一般公共预算收入增长未达预期；另一方面，财政支出刚性增长，特别是在科技、乡村振兴和生态环保等重点领域，同时还需加强养老、教育、医疗卫生等基本民生保障。因此，财政收支矛盾日益突出，财政可持续性面临严峻挑战。探索在经济新常态下如何有效缓解地方财政压力、激发地方财政活力，进而实现财政的长期可持续发展，已成为中央及地方政府财政体制改革的核心议题。2016 年，《国民经济和社会发展第十三个五年规划纲要》中提出了“完善财政可持续发展机制”的目标。随后的 2021 年中央经济工作会议也强调了“积极的财政政策要提质增效、更可持续”的工作方向，促进财政可持续已成为政府工作的重点。党的二十大报告从战略和全局的高度，明确了进一步深化财税体制改革的重点举措，提出“健全现代预算制度”。在新时代的征程中，完善现代预算制度对于实现国家发展目标和任务具有战略性意义，它是推动中国式现代化进程的关键保障，同时也是构建高水平社会主义市场经济体系的重要基石。

财政部致力于深化预算绩效管理的改革，通过提高财政资金的使用效率，已经在构建以项目支出为核心的一般公共预算绩效管理体系方面取得了初步成果。各地根据自身实际情况进行了积极的探索和实践，中央及省级财政和预算部门已基本建立起对重点项目进行绩效评价的常态化机制。在绩效评价的指标体系、评价方法、操作流程及结果运用等方面，已经积累了宝贵的经验，这为全面推进预算绩效管理的实施提供了坚实的基础。

从全面预算绩效管理的推进阶段上看，我国从2015年财政预算制度改革开始强化预算绩效，到2018年全面实施预算绩效管理文件的发布，实现了预算绩效管理的大突破。到2020年，基本实现了全面实施预算绩效管理“全方位、全过程、全覆盖”的要求，接下来顺应十九届五中全会和“十四五”时期关于“推动高质量发展”的要求，预算绩效管理应努力从全面实施向高质量实施转变，包括完善政策、优化结构、提升质量等。在政策完善上近些年有了很大推进，除了顶层架构的《中华人民共和国预算法》《中共中央、国务院关于全面实施预算绩效管理的意见》（中发〔2018〕34号）外，还出台了《中华人民共和国预算法实施条例》（国务院令2020年第729号）、《国务院关于进一步深化预算管理制度改革的意见》（国发〔2021〕5号）、《财政部关于印发〈项目支出绩效评价管理办法〉的通知》（财预〔2020〕10号）等文件，明确提出了“推进预算和绩效管理一体化、预算绩效管理提质增效、支出标准体系建设、加强部门和单位预算管理、实施项目全生命周期管理”等要求，这些政策完善也为实务工作提供了良好的政策指引。然而光有政策完善是不够的，“绩效预算是一种以结果为导向的预算管理方式”“由传统的预算编制过渡到实施绩效预算需要一个较为长期的过程”（刘昆，肖学，2008）。可见，推进全面预算绩效管理本身就有一个阶段性的过程，其推进正是在不断解决当前阶段遇到的问题中进行的。

1.2 文献综述

1.2.1 国外研究综述

绩效管理和绩效预算从西方发达国家兴起，其兴起的内在逻辑是外部环境变化倒逼社会治理改革和政府改革。20 世纪 70 年代，西方发达国家陆续进入经济发展的滞涨期，经济增长停滞，人民生活紧张，而政府财政支出呈现刚性特征，赤字巨大，支出规模保持高速增长，同时机构臃肿不堪、服务水平不高、行政效率低下，引发了公众的极度不满甚至抗议。这使得各国政府不得不谋求转变政府执政方式，进行政府绩效改革，强调政府执政效率和效果。与此同时，国内思潮也从传统的公共行政模式向新公共管理模式转变，价值取向从单纯追求效率，到兼顾效率与公平，再到注重效率、效益、效果与公平相统一。可以说，西方发达国家对于公共管理领域"绩效"理念的重视就是受迫于20 世纪70 年代停滞不前的经济发展形势、庞大的政府支出规模、低下的政府行政效率，而推进执政方式和治理模式转变，进而推进财政制度改革和财政支出绩效改革。

预算绩效的重点，是探寻预算和绩效两者之间的关联，两者是相辅相成、互为支撑的（Robinson，2002）。有研究表明美国《政府绩效与结果法案》的试点地区，实施的绩效评估已经在很大程度上满足该法案的要求，内部绩效评估的努力和更好的绩效问责制能对绩效预算提供必要的信息和激励（Cavalluzzo and Ittner，2004）。有学者选取典型案例，对埃塞俄比亚国家部分地区的绩效预算进行了实证研究，发现对政府支出进行长期的预算绩效管理，能够显著提高财政资金的支出预算绩效（Yimer，2015）。另有学者使用平衡计分卡构建公共管理市场模型，权衡主客观指标之间的协调性（Kelly，2014）。在经济合作与发展组织（OECD）的一些国家中，中长期预算支出与预算绩效存在着某种程度上的正向关联关系（Caridad，2019）。在进行预算绩效评价时，应该减少使用单一指标，更多使用多指标分析法，并根据重要程度对各个指标赋予不同的权重，并为每一种指标设置各自的效度和信度范围（Ridgway，1956）。而产出、活动和效率三个维度是美国评价公共支出绩效的指标核心内容（Lauth，1985）。另外也有从财务、顾客、内部经营过程、人力资源、技术和革新、合作以及政策结果这七个维度来构建绩效评价指标体系的（Carl，2003）。或者也有从政府管理、稳定性、教育及基础设施建设四个方面来构建评价指标的（Angelopoulos and Tsionas，2008）。就政府预算绩效指标而言，美国审计总署（GAO）将绩效指标分为项目活动实施水平、项目直接提供的产品或服务、产品或服务的结果等三大类。OECD 则将绩效指标分为单独指标（投入、产出、结果）和比率指标（效率、产率、效果）两类（Hawke ，2018）。澳大利亚按照投入、产出、结果的逻辑模型，采用 3E 法对应设置质量、数量及成本等指标。

1.2.2 国内研究综述

进入 21 世纪，中国首次提出构建预算绩效评价体系，从那之后预算绩效管理改革已在中国实现了显著发展。特别是在党的十九大报告中，进一步明确了预算管理制度改革的方向，强调要“构建全面规范、透明、科学、有力的预算体系，并全面推行绩效管理”。2018 年 9 月，《中共中央、国务院关于全面实施预算绩效管理的意见》中强调了预算绩效管理的全方位、全过程和全覆盖实施，旨在提高财政资金使用效率。此举不仅是响应党的十九大报告中提出的“构建现代财政制度”的直接行动，也是推动国家治理体系和治理能力现代化的关键步骤。

我国的全面预算绩效管理主要在事业单位实施，以行政单位、医院、高校为代表。目前，各直属高校、行政单位、公立医院基本出台了贯彻落实全面实施预算绩效管理的实施细则，在之前已经对财政项目开展绩效评价的基础上，部分高校对校内预算也开始进行绩效评价的探索，初步形成了“加强资金使用效益，强化预算资金绩效管理”的共识，各事业单位的实践为全面建立体系完备、务实高效的预算绩效管理体系创造了条件。

同时，全面预算管理在实施上也存在一些问题。就在行政单位的应用而言，其目标管理职责范围不够清晰，常常出现申报绩效目标时仍然让财务人员或单位财务部门负责这项工作的情况，有违“谁使用谁申报”的原则（金玉，2021）。除此之外，还存在的问题有：从业人员专业基础薄弱，预算编制水平欠佳（张树红，2020）；绩效信息化建设滞后，数据共建共享不到位（单艳艳，2021）；缺乏部分的全面预算绩效管理所需要的组织条件基础（何文盛，何忍星，2023），等等。

从全面预算绩效管理在医院的实施来看，也存在预算绩效理念尚未牢固树立，个别科室简单地认为预算绩效管理是财务部门和人事部门的工作，与自己科室无关的情况（于俊红，2020）。同时还有缺少专业的预算绩效管理制度，无对应的专业人才组建绩效考核小组，在实施过程中无据可查（陈林，2022），绩效管理标准不合理，以及缺乏健全的监督反馈机制等问题（梁占省，2022）。

而全面预算绩效管理在高校的实施也存在一些问题，例如：由于缺乏绩效目标管理，预算申报数据过于随意，没有编制绩效目标，导致预算与实际资金需求存在差异，预算执行和监控缺少绩效目标的参考标准（肖广华，侯玉燕，2020）；高校的预算绩效考核指标还不完善，其中还出现了“项目支出”的“年度绩效自评”是考核没有“绩效”的

“预算执行率”的情况（乔春华，2022）；高校预算绩效管理的内部环境建设有待优化（胡冰，韩蕾，2022）；预算绩效评价结果未得到充分重视和应用，形成正向反馈，对预算绩效不达标、预算执行力欠缺的项目负责人没有进行追责，也难以对预算资金分配和项目管理决策提供有效的参考、制约和导向作用（李文斐，2022）。

现阶段我国的全面预算绩效管理在实施中遇到的问题具有很大的共性，尤其在绩效考核指标、专业人才、组织结构调整、配套制度等方面。与年度预算不同，中期支出框架可以更好地反映出维持当前政策以及引入新政策的跨年度成本（王雍君，2008）。从全周期预算绩效管理的角度出发，系统化地规范和构建全周期项目支出预算绩效评价的指标体系，并精确化设计投入—管理、产出—效果类别的绩效评价指标，能够为绩效评价与管理的实施提供坚实的基础（马蔡琛和赵青，2018）。构建绩效指标是全面实施预算绩效管理的关键组成部分，而预算绩效管理本身是一个涉及多方面评价主体协作的复杂过程（马蔡琛和陈蕾宇，2019）。在构建预算绩效指标体系时，需融合价值和工具性准则以确保体系的科学性和实用性，重视决策或投入阶段的指标以评估资源分配的合理性和效率，完善过程指标以衡量项目管理和执行效率，精细化产出和效果指标以准确反映预算支出的成果和对目标的贡献，并差异化设计以适应不同管理层级的需求和特点，确保体系在各层级有效发挥评价和指导作用，提升预算管理效能（胡志勇，2020）。预算绩效管理和中期支出框架是增强财政可持续性、建设现代财政制度的重要内容（马蔡琛和潘美丽，2021），二者之间的互动推进，能够加强预算绩效管理与公共支出政策的结合，促成绩效评价闭环系统的建立，提高预算管理的灵活性。

综上，从国际情况看，西方发达国家是最早尝试推进绩效预算改革的，经过多年的摸索，亦取得了很多的实践经验。这些经验对于我国的全面预算绩效管理具有十分重要的借鉴意义。尤其是一些难点问题的突破需要广泛借鉴先进做法：一是循序渐进，注重本土化和借鉴优势相结合；二是系统设计，注重与政府绩效改革的深度结合；三是法律先行，注重建立绩效预算改革法律框架；四是权责相当，注重分权管理与统一管理相结合；五是考虑周全，注重设计完善的绩效预算体系；六是综合施策，注重绩效预算的配套制度改革；七是技术支撑，注重开发运用预算绩效管理工具。这些文献，为本书提供理论基础和路径支撑。

1.3　相关理论与研究方法

1.3.1　相关理论基础

（1）公共选择理论

20 世纪 40 年代，公共选择理论因经济领域尤其是福利经济领域的争论和需要而产生发展起来。它主要包括对社会福利函数的性质、市场失灵与政府干预的论述。1938 年，柏格森（A. Bergson）提出用一个多元函数来表示社会福利函数，把社会福利函数表述为所有个人的效用水平的函数。然而，只有从每个人的偏好次序推导出社会偏好次序，才能确定社会最大化的福利。根据阿罗（K. J. Arrow）的研究，由于信息获取的差异和利益矛盾，每个人的偏好是不同的，因此不可能从个人的偏好次序推导出社会偏好次序。凯恩斯经济及福利经济学都认为，市场经济并不像古典经济学派描绘的那样完美无缺，市场解决办法并不总是最优的解决办法，这就需要政府发挥宏观调控作用，以促进资源优化配置（董文杰，2017）。基于此，公共选择理论应运而生，其主导思想是在市场发挥主导作用的前提下，利用政府的宏观调控来引导社会资源的优化配置。该理论指出，社会由两个市场组成：一个是追求效率最大化的经济市场，另一个是追求政治最大化的政府市场。其中，经济市场由商品的供给者和消费者组成，通过价格调节实现供需平衡；政府市场由政府和社会公众组成，政客通过选票、政策、法规等方式和形式，来实施使自身政治利益最大化的决策。公共选择理论有别于传统的经济理论，它把政治视作“商品”，在这个市场上，交易双方对政治资源进行交易，并据此构建出一种新型的政府管理理论。财政政策的决策机构根据要实现的目标以及市场供需双方现行的约束条件，制定出财政政策。反过来，财政政策效果的好坏，既会反馈给市场主体，也会反馈给财政政策的决策机构。财政政策的决策机构会根据市场的反馈情况，适时地取消或调整财政政策，以达到预期效果（董文杰，2017）。

公共选择理论的实质并非否定市场在资源配置中的决定性作用，相反，它是在市场经济的总体框架下，针对市场经济自身缺陷所引发的市场失灵问题，以及市场主体不愿涉及的领域，进行积极的调节与修正。其内在要求是：对于市场能够有效解决的问题和事项，财政不加以干涉（董文杰，2017）。

（2）委托代理理论

委托代理理论起源于20世纪六七十年代，是经济学家在研究企业管理中的信息不对称等问题时逐步形成的。委托代理理论是现代制度经济学研究的重要内容，其中心任务是研究如何设计最优契约，以使委托人和代理人实现帕累托改进。具体来说，就是在契约的安排下，委托人为实现某种利益，将经济活动交由更为专业或符合制度要求的代理人来完成。然而，由于委托双方就委托事项存在信息不对称，且双方都追求自身利益最大化，因此具有不同的利益函数关系，而导致两者利益同时最大化的目标难以实现。在委托代理的过程中，存在一定的风险，这种风险可能发生在委托代理合约签订之前，也可能发生在代理合约签订之后。若发生在合约签订前，则是逆向选择风险（也称逆向风险选择模型）（董文杰，2017）。

委托代理理论主要研究的是契约责任主体双方在信息不对称条件下的博弈行为。由于双方存在信息不对称、都追求利益最大化且效用函数不一致，因此会导致“逆向选择风险”和“道德风险”。具体到财政资金方面，其预算、执行、管理等环节存在着多层次、复杂的委托代理关系，第一层为人民群众将财政资金的预算、执行、管理委托给人民代表大会；第二层为各级人民代表大会委托给各级人民政府；第三层为各级人民政府委托给财政、农委、发展改革委、林业局、扶贫办等相关职能部门；第四层为财政、农委、发展改革委、林业局、扶贫办等职能部门委托给社会机构或者公司，以及个体。除此之外，还存在一层委托代理关系，即上级政府通过转移支付的形式把财政资金委托给下级政府，由下级政府用于本辖区内的各项领域（董文杰，2017）。

（3）新制度经济学理论

新制度经济学在绩效管理中应用较为广泛，该理论从交易成本或交易费用的视角出发，对绩效管理和绩效评价中的深层次问题提供了科学合理的解释，并据此设计出一套解决问题的方案。

交易成本也称为交易费用，指因交易而额外产生的支出，这一概念由科斯提出（Coase，1937）。需要强调的是，随着人们对交易成本理解的深入，发现交易成本并非局限于货币形式，在信息传播、物流运输、交易谈判、合同签约、合同履约等过程中，也都会产生交易成本，而且这部分非货币的交易成本并不低。政府预算执行作为一项人与人之间依照一整套制度安排而有序进行的活动，其过程同样也涉及交易成本的发生。

（4）新公共管理理论

新公共管理理论是预算绩效管理的重要理论基础。它起源于20世纪70年代末，当时一系列西方发达资本主义国家实行的政府改革，如“重塑政府运动”“政府新模式”“代理政府”“企业型政府”“市场化政府”“国家市场化”“国家中空化”等，引起了广泛关注，使人们认识到，一种有别于传统公共行政典范的、新的公共管理模式正在出现，学者们也纷纷提出了这一新的理论新范式——新公共管理理论。

新公共管理理论推崇私营部门成功运用的多种管理方法，如目标管理、绩效管理、组织发展、人力资源开发等，并希望将其引入公共部门，从而建立起一种以公共利益为中心的管理体制。这一理论力图从根本上解决管理行政中公平与效率不可兼得的矛盾，代表着走向一种全新的公共行政模式的方向，是一种新的政府变迁。

预算绩效管理改革在很大程度上是新公共管理理论在现实中的应用，是公共部门管理尤其是预算管理的重要抓手，通过讲求预算资金绩效，提升了公共部门对于工作效益和效率的关注，进而努力提升公共服务水平，增强公众获得感和提升满意度，塑造出让人民群众更满意的政府。

（5）双因素理论

双因素理论的提出，主要是针对“工作中哪些因素让职工感到满意，哪些令人感到不满意”这一问题而开展的。20 世纪 50 年代，美国心理学家赫茨伯格通过走访调查得出结论：带来对工作满意的事件与造成对工作不满意的事件是不同的（Herzberg ，1966）。此后，赫茨伯格又于 1968 年再次将激励因素梳理为成就、认可、工作本身、责任、发展前途、晋升，并同时提出导致不满意感的主要因素是保健因素（Herzberg，1968）。

在绩效评价中，同样需要区分激励因素与保健因素，特别是在高校“双一流”建设中，适当地区分绩效中的激励因素与保健因素，并在评价中给予不同对待，更能客观地反映出高校“双一流”建设的成效。

（6）全面预算管理理论

全面预算管理是一种整合性管理系统，具有全面控制的能力。2011 年，在国资委颁布的《关于进一步深化中央企业全面预算管理工作的通知》中，明确对全面预算管理工作进行了指导。全面预算管理是指围绕组织发展战略，充分运用现代信息技术，将组织的经营、资金、薪酬等预算融合为一体的综合管理系统，它是组织优化资源配置、提高运行质量、改善效益、加强风险管控的有效机制。随着我国社会经济的发展，国家对行政事业单位的改革不断深入，其中，推行全面预算管理是重要一环，而绩效评价则是全面预算管理的重要基础。

（7）绩效评价理论

绩效评价是指企业运用统计学和运筹学的理论知识，采用特定的系列指标，根据统一的标准和程序，进行定量定性分析，从而对经营业绩作出相对客观和公正的评价（李睿琪和宋秋华，2017）。现有绩效评价方法主要包括EVA、成本基础绩效评价方法、利润基础绩效评价方法等。2009年，教育部中央教科所高教研究中心开始关注高校办学的相对“效益”和“效率”。高校绩效评价可以为政府实施高校财政拨款提供有益的判断标准和数据支持，同时也为高校调整与重新配置办学资源提供有力参考。

（8）平衡计分卡

平衡计分卡（balanced score card）是绩效评价中比较常用的一种方法。为了将组织的战略落实为可操作的衡量指标和目标值，它主要从财务、客户、内部流程、学习与成长四个角度进行分析，构成一种新型绩效管理体系。平衡计分卡强调评价的目标和指标源于组织战略目标，因此它能较好地把组织的使命和战略转化为易于执行和评价的有形衡量指标。这一方法打破了传统业绩管理方法只注重财务指标的局限。1993年，美国高校在绩效管理中首次将平衡计分卡引入，获得了较佳效果。随着我国高等教育改革的不断深入，“双一流”建设高校正面临新的挑战与机遇。针对现有社会责任评价的局限，在高校“双一流”建设绩效评价中引入平衡计分卡的方法，对相关因素进行量化评估，并结合高校自身的战略目标，可以构建出一个全新且易于操作的绩效评价体系。

（9）公平理论

公平理论，指的是员工是否得到激励，不仅取决于其个人的投入和报酬的比例关系，还取决于他与参照对象的投入和报酬比较后得出的主观感受。这种主观感受直接影响到员工的行为。

公平理论由美国心理学家约翰·斯塔西·亚当斯于1965年提出，这一观点用公式表达即个人的报酬/投入=他人的报酬/投入。其中，投入包括在工作中消耗的精力和时间、经验、教育程度，报酬则包括物质奖励，如金钱、福利，精神奖励，如升职、受重视、表扬等。公平理论认为，通过比较感到报酬高的员工，其工作效率和工作质量高于感到公平的员工；而感到报酬低的员工，其工作效率和工作质量则会低于感到公平的员工。

1.3.2 研究方法

（1）文献研究法

本书通过查阅、整理和分析国内外关于财政预算和绩效评价的相关文献，学习、借鉴和运用各类研究成果，探寻开展行政事业单位项目支出预算绩效指标体系研究的逻辑起点，并为后面具体研究提供支撑。

（2）案例分析法

通过对某中央部门和省级部门项目支出绩效指标设置情况进行定性和定量的分析，提出存在的问题，同时分析问题成因，揭示潜在的规律，为其他部门或单位提供指导。以D单位人才评价类考试项目为例，提出为优化绩效目标设置的方案，并推广至所有的行政事业单位。

（3）调查研究法

在研究的过程中，课题组分别到A院团、B大学、C公立医院和D单位进行了实地调研，直接收集到了有关材料，并对这些材料进行分析，为行政事业单位项目支出预算绩效指标体系优化机制的设计，获得了一手资料。

（4）问卷调查法

基于平衡计分卡理论，结合B大学“双一流”建设的实践内容形成调查问卷，通过网络在线发放，然后对问卷回收整理和统计分析，进而收集到某高校“双一流”建设的具体信息和资料。调查问卷的内容包括：请被访者对客户、财务、内部流程、学习与成长四个维度的20个指标的相对重要性程度打分，请被访者提出认为重要的评价指标，以及请被访者对高校“双一流”绩效评价工作的现状进行评价等问题。目的是最快地获得定量资料，通过对回收的调查问卷的整理与分析，从中发现高校“双一流”建设存在的一些隐性问题。

第2章

A院团绩效支出评价案例

2.1 研究背景

国有文艺院团是兼有公益性和经营性的事业单位，是实施国家文化自信发展战略的主力军，承担着弘扬社会主义核心价值观、繁荣社会主义文化的重要任务，拥有着多重的政治、经济、社会价值，又兼具意识形态属性与产业属性，其整体支出的绩效关系着国家文化治理、社会价值取向和人民文化需求，关系着国家文化自信战略实施和落地。

近年来，随着国有文艺院团体制改革的全面推进，国家加大对国有文艺院团政策支持力度的同时，也注重通过强化整体支出绩效评价来推动文艺院团不断深化改革，激发内部创新创造活力，繁荣社会主义文艺。这就决定了对国有文艺院团开展整体支出绩效评价不是一种简单的对财政资金投入、使用、产出、效果的评价，还应更多考虑到财政资源配置效率和使用效益在院团整体支出绩效中的体现，更应关注管理改革战略实施效果和职能实现。对国有文艺院团整体支出绩效评价既要考虑到院团多重政治、经济、社会价值，又要兼顾到其所具有的意识形态属性与产业属性，还要能体现出国家对文艺院团改革要重视社会效益的要求，实现社会效益和经济效益双赢的“双效统一”目标。这绝不是一些简单的财务指标和业务指标的组合就能完成的任务，简单套用财政部《预算绩效评价共性指标体系框架》的共性指标作为整体支出绩效评价指标，很难完整地反映出院团改革发展“双效统一”政策目标的完成情况，也不能科学合理地引导和评价国有文艺院团改革发展落实国家文化自信战略的实施情况。

2.2　A院团基本情况

A 院团艺术门类繁多、历史悠久，设有歌剧团、舞剧团、交响乐团、民族乐团、舞美部及剧目部、演出中心、大型活动部、宣传企划部等。按照国家的“三定”方案，该院团主要承担着贯彻落实党和国家的文艺方针政策，创作演出优秀民族歌剧、舞剧剧目，培养歌舞剧创作表演人才的职责，具体包括：创作演出民族歌剧、舞剧及其他舞台艺术作品；培养艺术创作表演人才；整理加工与保护传统文化艺术作品；录制艺术音像作品；推广国内外舞台艺术精品演出；承办社会艺术水平考级；提供、管理演出场所，提供演出经纪、演出广告宣传、演出票务及相关培训与咨询服务；完成文化和旅游部交办的其他工作。

作为文化和旅游部直属事业单位，A 院团是舞台艺术创作和生产的领头雁，无论是在激发大众审美、提升全国剧目艺术水准方面，还是在弘扬民族文化、推广高雅艺术传播、繁荣发展社会主义文艺方面都发挥着引领性和示范性的作用，其自身发展定位是中国民族歌剧和民族舞剧创作、演出、传播和人才培养方面的代表者、引领者、示范者。近年来，A 院团创作出了一大批民族歌剧和民族舞剧的精品力作，有效地引领了中国民族歌剧和民族舞剧的发展，产生了良好的社会效益。

2.3 平衡计分卡在A院团整体支出绩效评价中的适用性研究

2.3.1 平衡计分卡理论的内容及其特点

平衡计分卡的概念源自美国诺兰诺顿研究所的研究项目“衡量组织的未来绩效”，该项目由罗伯特·卡普兰（Robert S. Kaplan）和戴维·诺顿（David P. Norton）领导。他们经过一年多的深入研究，提出了一种创新的企业绩效评估框架，即平衡计分卡理论。该理论突破了传统绩效评估中对财务指标的单一依赖，引入了非财务指标，从而从多维度视角——包括外部与内部、短期与长期、结果与动因，以及财务与非财务——全面理解业绩评价。平衡计分卡模型通过寻求这些多重视角之间的平衡关系，助力企业在激烈的市场竞争中取得成功。

随着平衡计分卡在企业实践中的应用与发展，该理论进一步演进，不仅作为一种绩效评价工具，更与企业战略紧密结合，成为一种兼具业绩评价和战略管理双重功能的创新性绩效评估理论。这一理论的发展，使平衡计分卡能够更有效地指导企业实现战略目标，优化资源配置，并提高整体绩效。

作为一种系统性绩效评价和战略管理工具，平衡计分卡以组织的战略目标为中心，能将企业使命和战略化为一整套成体系的指标，这些指标为业绩衡量和战略管理提供了框架。平衡计分卡仍然重视传统的财务目标，但是也兼顾了财务目标的业绩驱动因素，注重挖掘财务业绩背后外界影响因素和内部业务流程的动因，从四个平衡的层面来衡量企业的业绩，主要包括财务、客户、内部流程、学习与成长。运用平衡计分卡理论能把战略目标逐层分解为具体、可操作的分目标、指标和行动方案，通过一整套有内部逻辑关系的指标体系来保证组织战略目标的顺利实现。

在卡普兰和诺顿看来，平衡计分卡设计的四个层面各有其内涵（见图2－1）。一是财务层面：财务目标代表了组织的战略主题，财务业绩指标可直观地显示出组织战略的实施和执行在改善经济效益方面的贡献。在设定平衡计分卡的起点和终点时，需要跟财务业绩的提升进行对标，以保证每项指标的因果途径的终点都是财务目标，使企业的财务业绩与其非财务业绩动因之间因果关系更明显。二是客户层面：客户层面对于组织而言至关重要，它不仅有助于组织界定服务对象和市场范围，还有助于促进组织树立以客户为中心的观念。通过不断满足客户需求，组织能够确保其产品与市场的需求相匹配，从而实现产品价值的转化。此外，客户层面的考量对于组织在制定市场战略和策略时至关重要，它要求组织将关键客户的需求纳入决策过程，以提高市场战略和策略的精准性和有效性，进而促进财务绩效的优化。客户层面的关键绩效指标（KPIs）通常涵盖客户满意度、客户保持率、新客户获取率、客户盈利率以及组织在目标市场中的占有率。这些指标共同构成了评估组织市场表现和客户关系管理效果的多维度框架。三是内部流程层面：内部流程方面是组织从自身业务角度来评价组织运营状况的。内部流程是形成组织核心竞争力的主要过程，也是组织不断改善绩效的重点所在，平衡计分卡不仅关注现有经营流程的改进，而且还注重对关键环节的创新，以保证组织的生存和发展能力。四是学习与成长层面：在探讨组织的持续发展和效能提升的框架构建方面，学习与成长维度占据了核心地位，它界定了组织实现长期发展和优化所必需的基础架构，并识别了组织未来成功的决定性要素。组织需对员工技能的提升、内部流程的优化以及日常运作的高效管理进行投资，这些构成了平衡计分卡中学习与成长维度的核心目标。该维度的关键绩效指标通常涵盖员工满意度、员工留存率、培训成效和技能发展等方面，以及这些指标背后的驱动力。与此同时，财务和客户维度作为组织的外部绩效指标，主要揭示了外部环境对组织绩效的影响。相较之下，内部流程和学习与成长维度则作为内部绩效指标，反映了组织在流程管理、持续变革和改进能力方面对绩效的贡献。平衡计分卡特别强调组织为适应变革所做的努力，其目标和指标均源自组织的战略规划，并应能准确反映这些战略。通过一系列相互关联的因果链，平衡计分卡构建了一个导航系统，为组织的战略执行提供了坚实的保障。

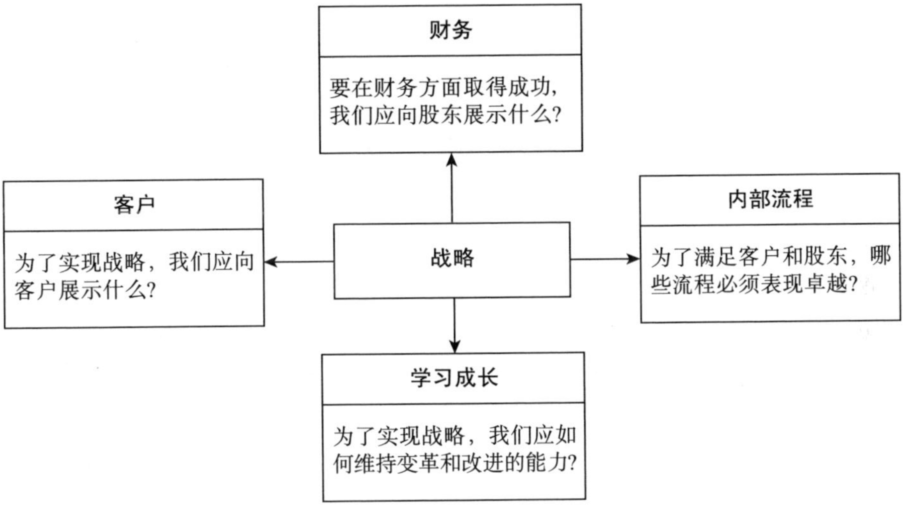

图 2－1　平衡计分卡四个维度

由此可见，平衡计分卡是一种基于战略导向的系统的绩效评价工具，它主要具备以下三个特点：一是平衡计分卡的核心是将绩效评价纳入战略管理全过程，它强调战略性。平衡计分卡可以看作是一个传达战略的仪器，所有指标都联结在一个诠释组织战略的因果关系链中。平衡计分卡衡量和评价的起点是组织战略，从组织战略出发，设定发展目标，锁定价值链形成的垂直向量，而它的终点正是战略导向的组织绩效，谈战略是为了改善组织绩效，谈绩效是为了更好地帮助组织落实战略，这种将绩效和战略的有机结合是平衡计分卡区别于其他衡量系统的根本所在。二是平衡计分卡反映了多种平衡关系，它强调平衡性。平衡计分卡打破了传统绩效评价方法财务指标一统天下的局面，是通过在财务指标与非财务指标评价之间、外部（强调财务及顾客面）与内部（强调企业内部流程及学习与成长面）之间、组织的长期（强调长期战略目标）与短期（强调短期业绩指标）之间、结果与动因指标之间、前置性（强调预测组织未来绩效的前置指标）与滞后性（强调组织过去绩效实现的指标）目标之间寻求“平衡”的基础上完成的绩效评价与战略实施过程，它有效扩宽了绩效评价的广度、深度和远度。三是平衡计分卡强调系统性。一个好的平衡计分卡不仅仅是重要指标和重要成功因素的集合，而是应当包括一系列相互联系的目标和指标，这些目标和指标间不仅前后一致，而且相互强化，有着其内部逻辑假设关系。正如卡普兰和诺顿所说，战略是一套关于因果的假设，平衡计分卡正是阐述这不同层面目标（和指标）之间关系的衡量系统，平衡计分卡的系统性很好地实现其因果联结，让绩效评价从业绩表面走向了业绩的内部形成过程，让绩效的实现可以被管理和证实。

任何一个有效的平衡计分卡都应该是依托“战略为核心”，能够将战略目标有机融入业绩衡量指标体系中的系统，让管理者和员工通过明确的目标和指标，清晰地知道如何行动才能为组织的成功作出贡献，让组织获得持续的卓越表现。相对于传统的主要判断过去的决策和行动的效率和效果的绩效评价体系，依托平衡计分卡建立的绩效体系更多地面向未来的行动指引，即通过一整套明确的有着内部因果联系的财务与非财务指标为未来的行动指明方向，激励组织的管理者和员工围绕共同愿景，团结一致成功有效地贯彻战略，共同达成战略成果。

2.3.2 适用平衡计分卡开展绩效评价组织的特点

依托平衡计分卡为基础的绩效评价系统需要将企业的战略转化为具

体行动，以创造企业的竞争优势，最终帮助组织实现未来发展战略，但并不是所有的组织都适合采用平衡计分卡来进行绩效衡量。在卡普兰和诺顿提出的平衡计分卡框架内，他们详细阐述了构建以战略为核心的组织所需遵循的五项基本原则：第一，战略必须被转化为具体的业务语言，以便所有员工理解；第二，组织结构和运作必须与既定战略保持一致性；第三，战略应融入每位员工的日常工作之中，成为其工作的一部分；第四，战略规划和执行应被视为一个持续进行的循环过程；第五，通过坚定而有效的领导力推动必要的变革。这些原则共同构成了一个以战略为导向的组织运作的基础。

为了成功实施平衡计分卡进行绩效评估，组织需具备清晰的战略方向、坚实的管理基础设施、开放的组织文化以及面对市场竞争的能力。在西方国家的实践中，有效地运用平衡计分卡的组织普遍展现出以下特征：一是战略导向性。这些组织将平衡计分卡的评价体系与战略目标紧密结合，确保四个维度的目标和指标相互协调，构建起一个全面的绩效评价系统。只有那些具有明确战略意图的组织，才能为平衡计分卡的实施提供坚实的基础。二是管理效能。除了清晰的战略规划，这些组织还能够将战略目标细化并执行。这要求高层管理者不仅能够将战略目标具体化并传达给团队，而且具备推动这些战略目标实现的动力。同时，中层管理者需要展现出在绩效指标方面进行创新的能力和意愿，以确保战略目标的达成。三是管理民主化。平衡计分卡强调战略的全员沟通，确保每个成员都能理解并参与到战略实施中。此外，它还强调跨部门合作和横向协调的管理机制，这要求组织管理具有民主化特征。四是市场竞争适应性。平衡计分卡的设计旨在实现财务目标，每个指标都是因果链的一部分，以财务目标为核心。这表明，使用平衡计分卡的组织必须追求经济效益，面对市场竞争压力，并需要组织收入以适应市场。在这样的组织中实施平衡计分卡，有助于增强实施的决心和力度，提升组织的竞争力，并促进组织健康和可持续的发展。

2.3.3 平衡计分卡在A院团整体支出绩效评价中适用性分析

A院团作为实施国家文化自信发展战略的主力军，属于战略导向型组织，它受多重外部因素影响，自身又具备复杂的价值创造机理，这种多重效益属性和绩效特点，决定了该院团整体支出绩效评价的指标体系应具有广度、深度和远度，既要考虑到政府的需求，也要考虑到人民群众日益增长的文化消费需求；既要能揭示出综合的业绩成果背后深层次的动因，为业绩的改善指明方向，还要能够将战略目标与绩效评价的目标和指标有机结合，引导院团成功实施战略，而平衡计分卡兼具业绩评价和战略管理功能，其战略性、平衡性、系统性与院团整体支出绩效评价的要求有着极大的适应性。

从战略性的角度看，平衡计分卡的战略性与院团整体支出绩效评价是相适应的。当前国有文艺院团改革发展正处于攻坚期，国家明确了对国有文艺院团改革发展的要求，也就是为国有文艺院团发展提供了战略规划和部署，这就使得作为国有文艺院团领头雁的A院团，其整体支出的绩效带有很强的战略意图，对院团开展整体支出绩效评价既要能够体现该院团通过整体支出落实国家对院团改革发展的战略任务的完成情况，又要通过绩效评价体系的建立探寻出一种将战略规划落实到日常经营管理的路径，这样的整体支出绩效评价体系需要兼具业绩评价和战略管理双层功能。而平衡计分卡作为基于战略的绩效评价模式，是一种可以将战略融入衡量系统的有效工具，其战略性特点与院团整体支出绩效评价具有较好的契合性，将平衡计分卡引入院团的整体支出绩效评价中将有助于推动A院团按照国家对国有文艺院团改革要求和规划，承担好时代使命，助力国家文化自信战略和文艺院团体制改革的落地。

从整体性角度看，平衡计分卡的平衡性与院团整体支出绩效评价是相适应的。A院团作为多重属性叠加的复合体，其整体支出的绩效关系着国家文化治理、社会价值取向和人民文化需求，同时受外界多重因素的影响，这就要求院团整体支出绩效评价既要考虑社会效益、经济效益多重效益的平衡，又要能兼顾到出资人层面、客户层面等外界因素对其绩效的影响，还要能够挖掘出综合的业绩成果背后深层次的动因，不仅关注结果性指标，还需要关注动因性指标；不仅关注短期业绩指标，还需要关注长期发展指标；不仅关注外部评价，还要关注内部运行机制的评价。这种多层次的统筹兼顾与平衡计分卡的平衡性有较大的契合性。平衡计分卡正是从多重视角来理解业绩评价的，包括外部和内部视角、短期和长期视角、结果和动因视角，以及财务和非财务视角，这种方法超越了仅依赖财务指标进行评估的局限，能够从财务、客户满意度、内部操作流程以及知识与技能发展等多个维度综合考量战略目标的执行情况。通过设定详尽且具化的目标和衡量标准，为 A 院团提供了一个更为立体和全面的绩效评估框架。

从系统性角度看，平衡计分卡的系统性与院团整体支出绩效评价是相适应的。A 院团整体支出绩效评价体系搭建中最大的难点就是找到社会效益与经济效益相统一的路径，找到财务层面的指标和其他层面的指标间的联系，找到业绩成果与业绩动因之间的联系，最终让绩效评价体系成为一个共同指向战略成功的导航仪。而平衡计分卡的系统性与该院团整体支出绩效评价内在一致性间有很好的契合性，因为平衡计分卡很好地强调了因与果的联结，它设计的思路正是将通向总战略目标的绩效指标划分为不同的板块，寻找不同板块之间的因果逻辑关系，寻找同一板块战略目标与设置的指标间的因果关系，将这些指标通过内在的逻辑假设有机联系起来，从而有效地掌控业务过程、监督绩效成果，形成了一个绩效平衡发展的循环。

此外，作为文化和旅游部直属事业单位，A 院团内部管理基础一直较好，特别是从 2014 年开始，院团启动了事业单位企业化管理改革，在企业化管理试点期间，该院团一方面主动面向市场求发展，在服务群众中求效益；另一方面，不断深化内部机制的改革，激发和调动广大演职人员的积极性、主动性、创造性，逐渐形成富有活力的管理和运行机制，基本具备了平衡计分卡有效实施的民主化管理的基础。

综上所述，平衡计分卡作为一种战略导向的绩效管理模式，是一种兼具战略管理与绩效评价功能的工具，其战略性、平衡性和系统性，与院团创作生产发展规律和内在价值创造具有较强的一致性，能够较好地适应该院团整体支出绩效评价所希望达成的广度、深度和远度，能将国有文艺院团改革发展战略与 A 院团的经营管理有效结合，成为国有文艺院团落实文化自信战略管理和绩效评价的基石。同时，A 院团作为具有战略导向和市场竞争压力的组织，内部良好的民主化管理基础也让推行平衡计分卡成为可能。由此可见，将平衡计分卡应用于 A 院团整体支出绩效指标体系的研究是具备可行性的。

2.4 平衡计分卡应用于 A 院团的绩效管理架构研究

将平衡计分卡运用到 A 院团整体支出绩效评价中，首先应当明确当前 A 院团改革发展面临的重点任务，并作出清晰的战略描述，然后按照中央深改委（组）提出的“突出问题导向，深化内部改革”的要求，针对 A 院团落实改革发展任务的痛点和难点，梳理出院团为了落实改革发展战略在财务层面、客户层面需要重点解决的问题，以及为了解决财务层面、客户层面的问题，A 院团应如何重塑内部业务流程，如何提升学习与成长能力，才能保证整个改革发展战略的实施和落地。以 A 院团改革发展战略实施为核心，按照垂直向量的因果关系，可以打通院团财务层面、客户层面、内部流程层面以及学习与成长层面的关键控制点，让每个层面的努力都能最终指向改革发展目标的实现，按照这样的逻辑可以描绘出 A 院团的战略地图，以此搭建起的院团的绩效管理架构，可以为平衡计分卡应用于 A 院团整体支出绩效指标体系的构建奠定基础。

2.4.1 A 院团改革发展战略描述

A 院团作为实施国家文化发展战略的主力军，是舞台艺术创作和生产的领头雁，无论是在激发大众审美、提升全国剧目艺术水准，还是弘扬民族文化、推广高雅艺术传播、繁荣发展社会主义文艺方面都发挥着引领性和示范性的作用。但是，随着我国经济社会进入新时代，人民对文化生活的需求不断升级，政府与文艺院团间的关系结构也发生了变化，A 院团的发展由以往的主要以公共文化事业为主转向公益性与经营性文化事业并重的新路径。新的发展形势给 A 院团带来了新挑战，A 院团文化生产和艺术产品供给同人民群众日益增长的文化生活需求之间尚不匹配，高品质的文艺作品供给不足、内部组织效率生机活力还未得到有效激发，影响着 A 院团艺术创作导向引领和价值引领作用的发挥，A 院团的改革仍亟待深入。按照中办、国办印发的《关于深化国有文艺院团改革的意见》，可以将 A 院团现阶段改革发展的战略简要描述为：出人、出戏、出效益，满足人民向往美好生活的精神文化需求。

“出人”是指要坚持把人才队伍建设摆在突出位置，做到以人为本。艺术发展的关键在于人才，人才是艺术得以传承和发展的活载体，是艺术院团事业发展的重要保障。专业人才的水平直接关系着艺术表演的水平和艺术作品的质量，打造一支技艺精湛、思想过硬的人才队伍是 A 院团核心竞争力的内在需求，也是满足人民向往美好生活的精神文化需求的人才保障。

“出戏”是指高举中国精神的火炬，深入生活，扎根人民，创作生产出更多思想精深、艺术精湛、制作精良的舞台艺术佳作，解决艺术创作中存在有“高原”缺“高峰”的问题。文艺作品是A院团安身立命之本，也是丰富和扩展中国人的精神家园、传承中国文化的重要载体。创作是文艺院团的中心任务，创作生产出无愧于我们这个伟大民族、伟大时代的优秀作品是A院团在当代推动文艺繁荣发展的历史使命，也是满足人民向往美好生活的精神文化需求的必然要求。

“出效益”是指A院团要始终坚持以社会效益为先，实现社会效益和经济效益的有机统一。社会效益和经济效益是A院团的双重价值追求，社会效益是A院团的最高准则，也是A院团存在的最高价值，没有社会效益的支撑，A院团就失去存在的根基；而经济效益则是指A院团打造出来的文艺精品不光在思想上、艺术上要取得成功，还要在市场上受到欢迎，要经得起观众和市场的检验。实现经济效益和社会效益相统一，是A院团健康可持续发展的主观要求，也是A院团价值体现的必由之路。

“出人、出戏、出效益，满足人民向往美好生活的精神文化需求”这既是A院团改革发展战略，也是A院团改革发展的愿景。按照平衡计分卡理论，组织战略的实施需要从财务层面、客户层面、内部流程层面以及学习与成长层面确立各层面的战略优先任务，形成有效导向，共同推进战略实施。

2.4.2 A院团财务层面战略目标

按照平衡计分卡理论，财务层面主要解决的问题是为了让投资人满意，组织需要完成什么样的财务目标和任务，才能保证战略顺利实施。财务层面主要考虑的是A院团与政府之间的关系。对A院团来说，其股东及出资人实际上是政府，政府代表人民出资设立A院团，旨在满足人民群众日益增长的精神文化需求，推动社会主义文化大繁荣、大发展。长期以来，A院团与政府间的关系是紧密的、依附关系，在这种依附关系下，A 院团创作生产供给的主要模式是计划性的创作和派演，商业演出较少，A 院团发展的资金也主要由政府财政来保障；但随着文化体制改革的深入和政府职能的转变，行业主管部门不断理顺与院团之间的关系，政事分开、管办分离，政府与 A 院团间逐渐由紧密的、依附关系向独立的、契约关系转变，这就倒逼 A 院团走出对政府扶持的依赖，主动面向市场、面向观众，成为社会文化消费循环中的主体。在这种宏观背景下，政府对 A 院团的期望是：走出传统的创作生产供给的模式，不断优化内部生产机制，通过品牌效应和不断创新产品服务，增加高品质作品的供给，有效激发内部效率和活力，带头发挥好 A 院团在演艺市场的主导作用，带动各艺术品类的创作生产。

此外，A 院团运营发展主要资金来源是财政补助资金，近年来，随着经济进入新常态，财政资金不断收紧，特别是新冠疫情给世界经济以重创，全球贸易保护主义抬头，我国不断实施减税降费政策以帮助实体经济渡过难关，财政收入锐减，在这种情况下，仅靠财政资金的支持，A 院团的发展是难以为继的。这也倒逼 A 院团要走出“等、靠、要”的思想，运营好长期运营形成的经典剧目及其形成的文化品牌，打造自身的核心竞争力，增强在市场上的影响力；同时还要积极扩大社会影响，争取艺术基金、社会赞助资金等的支持，提升自身的造血能力，不断增强自身资金的保障能力，解放和发展好 A 院团的艺术生产力。在这种宏观背景下，政府对 A 院团的期望是：推动组织创新，不断释放院团内部活力，实现 A 院团内部管理的优化和整体效能的提升，保障国有资本的运营效益和安全。

由此可见，随着文化体制改革的深入，政府与 A 院团间的关系结构发生了变化，让 A 院团成为真正的市场主体，在市场竞争中谋生存谋发展，以此推动内部效率和活力的提升、保障国有资本运营效益和安全，通过市场竞争力和影响力来获得经济效益和社会效益的统一，这是政府对 A 院团改革发展最根本的期望。此外，考虑到 A 院团作为中央直属的院团，在院团改革发展部署中也明确了社会效益优先，实现经济效益和社会效益相统一的目标，这就决定了不同于民营院团以利润（或价值）最大化为核心的财务目标，A 院团的公益性限制了其利润目标导向，取而代之的是围绕举旗帜、聚民心、育新人、兴文化、展形象的使命任务目标的实现，但无论政府与 A 院团间的关系结构如何变化，政府作为 A 院团出资人，从履行出资人职责角度看，对 A 院团仍旧是有财务期望的，具体体现为保证国有资本的保值增值，这是政府作为投资人对 A 院团最基本的经济期望。离开国有资本的保值增值，A 院团就失去了可持续发展的根基，"出人、出戏、出效益，满足人民向往美好生活的精神文化需求"的改革发展战略就失去了存在的土壤。因此，通过增强自身的市场影响力，有效激发内部效率和活力，保障国有资本运营效益和安全，实现国有资本的保值增值是 A 院团在财务层面主要战略目标。

2.4.3　A 院团客户层面战略目标

按照平衡计分卡理论，客户层面主要解决的问题是为了达成财务层面的目标，组织需要如何确认和满足客户的需求，实现客户价值的最大化。对 A 院团来说，服务的客户主要是广大人民群众，"为人民服务、为社会主义服务"是 A 院团最根本的价值主张。在客户层面，A 院团只有为客户创造价值，客户才会愿意为文艺消费投资，最终才能支撑 A 院团财务层面目标的实现，这与 A 院团改革发展战略中满足人民向往美好生活的精神文化需求是相辅相成的，也就是说客户价值最大化本身就是院团经济效益和社会效益双效统一的必然路径。而要实现客户价值最大化，A 院团要始终坚持"以客户为中心"的发展思路，系统研究客户需求，不断改进和开发新服务和新产品，真正为客户创造价值，让客户满意。

观众是表演艺术存在和发展的土壤，一定程度上说，谁占领了市场谁就拥有了艺术价值传播和文化传承的主阵地，谁占领了市场谁就拥有了意识形态的主阵地。随着社会经济发展，观众的需求也不断发生变化，在与观众关系维护上，A 院团一直存在着面向市场、面向观众能力不足的问题，影响了客户价值最大化目标的实现，具体表现为高质量的文化产品供给不足，更多能够体现社会主义核心价值观、群众喜闻乐见的文艺演出产品还没能很好走进百姓生活，成为文艺市场的主流产品，一些粗制滥造的文化产品和服务还充斥在文化市场中，严重影响着文化消费市场的健康发展。此外，进入数字时代，网络新技术、新媒介赋能舞台艺术发展的同时，也不断推动着业态创新重构，从传统观众习惯的面对面观演到新生代观众喜欢的屏对屏观赏，对 A 院团来说是机遇也是挑战，如何打破场域限制对演出生产力的束缚，推动传统舞台艺术的数字化、网络化传播是在新时代实现客户价值最大化的新课题。

从实现客户价值最大化的层面看，面对不同的客户群体，A 院团既要关注多元文化需求下传统客户需求的满足，也要关注新兴文化消费群体客户需求的开发。一方面，A 院团要不断创新演出营销的理念，用高品质的舞台作品和国家队的综合实力，继续争取传统文艺市场的观众群体，保持传统客户对品牌的忠诚度，并不断提升服务质量帮助他们实现客户价值最大化；另一方面，面对新兴文化消费主体的需求，A 院团要敢于跳出传统的观众圈，积极开拓新产品新服务，让新生阵地上的年轻观众也能享受到优质的文化服务，实现客户价值最大化。为了实现客户价值最大化，A 院团需要在传统和新生的两个阵地上都发挥积极影响，做到两手抓两手都要硬。

从传统消费客户价值实现的层面看，A 院团要坚持作品为王，只有狠抓作品的质量，增强传播能力，增加高质量产品供给，才能够维持住自身品牌在传统观众中的良好形象，不断增强传统观众的忠诚度，增加其客户价值的同时实现自我价值。这就要求 A 院团要始终坚持以人民为中心的创作演出导向，深入生活、扎根人民，从群众需求出发，紧扣时代脉搏，打造出思想性艺术性俱佳的艺术精品，用作品留住观众，影响观众。同时我们也要注意到以演出为中心环节的运营机制的打造，客户价值的实现需要通过演出才能完成，在演出端我们才能让客户价值和作品价值双实现，这就决定了A院团在创作高品质作品的同时必须要考虑到演出的需要，如在项目立项时就应考虑到演出转场等成本，打造出一批常演常新的经典剧目，以及适合巡演、驻演等方式演出的常规剧目，让更多的观众有机会能够接触到这些思想性艺术性俱佳的艺术精品，这样在实现客户价值最大化的同时，A院团弘扬民族文化，推动高雅艺术传播推广的社会效益也才能得到有效发挥。

从新消费群体培养的角度上看，A院团要坚持服务与引导并重，不断开拓新产品新服务，培育新消费群体，让潜在的文化消费群体能实现客户价值最大化。A院团是国家文艺宣传的主渠道，在引领健康的文艺市场消费方面具有导向性、代表性、示范性作用，这就决定了A院团与客户间的关系不是简单的满足与被满足的关系，还有引导与被引导的关系，引导的功能定位决定了A院团在满足客户需求的同时，也不能一味取悦于客户，还要做好艺术普及和消费引导工作，特别是面向中低收入群体的低票价演出、面向广大学生群体的高雅艺术进校园以及面向青少年群体的艺术培训等活动的开展。通过开展艺术普及提高升华人民群众的思想道德水平和艺术鉴赏审美水平，让人民有能力和鉴赏力自动去抵制低俗文艺作品，在客户实现价值最大化的同时，也培养了潜在的消费群体，这些新生消费群体逐渐转化为忠实客户后，就会成为A院团经济效益实现的重要保障。此外，随着线上演艺传播成为新的文化消费渠道，新生消费需求也不断催生新的供给，线上演艺加快了传播的效果的同时，一些快餐消费品也充斥在网络传播阵地中。这就要求A院团在新的阵地上，要充分利用好国家艺术队的金字招牌，积极推动传统媒体与新兴媒体技术融合发展，培育新型文化业态为新生消费群体提供更多有营养的文化传播产品，帮助新阵地的客户实现价值最大化。

由此可见，A院团改革发展战略的落地需要A院团始终坚持客户价值最大化，努力创作生产演出和传播能够满足客户对美好生活向往的文艺产品和服务。因此，在客户层面，A 院团最核心的任务就是狠抓作品的质量，增强传播能力，增加高品质作品供给，让传统观众在优质文化产品和服务中实现价值最大化；同时还要积极开拓新产品新服务，不断满足新生消费群体的文化消费需求，延长产业链、培育新业态，实现客户价值和院团价值的最大化。

2.4.4　A 院团内部流程层面战略目标

按照平衡计分卡理论，内部流程层面需要解决的问题是为了让外在的出资人和客户满意，A 院团需要在哪些内部流程环节表现卓越，以获得长期的核心竞争力，实现客户价值的最大化。无论是政府作为出资人和监管方对 A 院团提升院团内部生产效率和活力、保证国有资本运营效益和安全、实现国有资本的保值增值的财务层面目标，还是从提升作品质量和传播能力、增加有效供给、提升传统观众满意度以及开拓新产品新服务、培育新消费群体、提升新客户价值的客户层面的目标，对于 A 院团这个绩效主体来说，都是外在的影响因素，这两个层面的目标对于 A 院团来说是外界的“要我有绩效”，而想要从“要我有绩效”落实到“我要有绩效”，需要 A 院团自身内部管理流程改革和治理体系的建设，内因才是绩效实现的关键所在。

A 院团作为事业单位企业化管理改革的试点单位，同时也是全国艺术院团的排头兵，长期以来，主要是以创作为中心，虽然在繁荣文艺方面取得了一定的成绩，但在市场竞争中也暴露出很多的问题，比如剧目创作投入大，效益回收期长的问题；以参评获奖为主要生产目的，忽视群众需求、不能与市场有效对接，作品叫好不叫座的问题；优秀剧节目越演越赔，不能实现两个效益统一的问题等。这都极大地影响了 A 院团在市场上的竞争力，也倒逼着 A 院团不断深化内部管理改革，探索建立具备文艺院团特点、符合现代企业制度要求的内部运行机制，以此提升自身运营效率，有效增强自身资金保障能力，破解自身生存和发展压力。在这种背景下，转换机制、增强活力、改善服务、提升效益也成为A院团的内在需求。

（1）坚持以人民为中心创作导向，打造精品剧目，不断增加高质量产品供给

针对文艺创作有“高原”缺“高峰”，高质量文艺作品供给不足，不能满足人民对美好生活向往的精神文化需求的问题，A院团需要进一步加大对高品质作品的创作，以“接地气、传得开、留得下”为创作目标，自觉投身到讴歌党、讴歌祖国、讴歌人民、讴歌英雄的作品创作中来，增强创新能力、提高原创力，用现实题材和爱国主义题材作品，书写中华民族的新史诗。创作过程中还要处理好作品与观众间的关系，让更多的观众能够参与到作品的创作生产中，做好面向基层、服务群众，开展好“文化下基层”的系列活动，建立“结对子、种文化”工作机制，把文化惠民的活动纳入基层公共文化服务体系建设中，用优秀作品去鼓舞人、影响人，在增强品牌影响力的同时站牢宣传的主阵地。高质量文化作品是A院团的立身之本，也是其社会效益能够得以发挥的重要载体，坚持人民为中心创作导向，打造出思想精深、艺术精湛、制作精良的文化作品是A院团在内部流程层面的核心任务，是内部价值链的起点，也是“出戏”这一战略目标得以实现的重要保障环节。

（2）打造创作演出传播一体化的生产机制，增加有效供给

艺术的价值最终是通过受众端来实现的，践行文艺“为人民服务、为社会主义服务”的使命最终需要依靠演出来完成。正是鉴于此，中共中央办公厅、国务院办公厅在印发的《关于深化国有文艺院团改革的意见》中提出了“以演出为中心环节”的改革发展方向，而要落实这一战略部署，A院团必须在坚持以人民为中心的创作导向、创作出优秀作品的同时，主动调整和创新艺术产品的生产机制，探索创作演出传播一体化的艺术生产和供给模式，在优秀剧目创作演出伊始，就考虑经典版、驻场版、巡演版等多种形式，通过驻场演出、品牌巡演、进校园

公益演出等方式，保证创作出的作品有稳定的演出场次，解决创作作品成本过高，越演越赔的问题，以及创作作品只为拿奖，获奖后就刀枪入库的问题。建立创作演出传播一体化的生产机制，是践行“以演出为中心环节”的改革发展方向的重要举措，也是实现客户价值最大化的重要路径。

（3）注重技术创新，推动云演艺等新业态，用新产品新技术探索发展新路径，扩大传播和影响力

在网络信息技术迅猛发展的当下，群众的欣赏习惯以及传播理念、传播渠道、传播方式都发生了巨大的变化，文艺的影响力取决于文化传播能力，哪种文化传播能力强，哪种文化的思想和价值观念就能更有效地影响人。相比于国外文艺单位和国内的民营院团，A 院团在作品市场推广和开拓线上平台方面还有较大差距，线上演艺作品中主流文化作品的影响力还有待提升。为了解决“酒香也怕巷子深”、传播能力不足影响优秀作品效应有效放大、社会主义核心文化的引导力等问题，A 院团应在创作和演出中主动加大信息化能力的培养，通过创新供给渠道、有效提升传播能力，在文化资源的创造性转化和创新性发展上为行业树立旗帜标杆。利用互联网与新媒体的传播方式，积极布局文艺演出的“线上云模式”，借助移动终端等新媒体来扩宽传播渠道，让具有启迪心智、陶冶心性、满足消费者较高层次精神追求和情感体验方面的文化消费品成为线上文艺消费市场的主力军，帮助新生客户群体价值实现的同时，也将云演艺发展成文化影响的主流阵地。

（4）注重售后服务，加大艺术普及，培育文化消费群体

艺术服务本身是给客户创造价值，而艺术引导则是在艺术服务基础上为客户提供的增值服务。随着文化市场的不断扩大，一些文化产品和服务粗制滥造，仅为博得眼球，获得短期经济利益，存在着低俗、媚俗、庸俗的问题，严重影响着文化消费市场的健康发展。A 院团作为社会主义文艺的中坚力量，是培育和践行社会主义核心价值观的主阵地，提升社会整体的艺术素养和艺术鉴赏审美水平是 A 院团发挥社会效益

的重要内容，这就要求 A 院团除提供传统的创作生产演出文化产品和服务外，还应主动拓展产业链，做好售后服务，延伸艺术创作、生产和传播的价值链。具体指 A 院团要利用好自身的资源优势和人才优势，通过开展艺术赏析、艺术培训、艺术普及传承活动，有效提升大众审美能力，给客户提供增值服务的同时，也为文化消费培育更广大的消费群体。艺术普及增加的文化消费能有效地反哺艺术创作生产，实现公益普及与促进消费的联动，最终形成文艺与客户间的良性循环，为 A 院团实现社会效益和经济效益双丰收奠定客户基础。

由此可见，A 院团改革发展战略的落地最核心的一步是内部流程层面的改革创新和价值链的重塑，每个行业都有自身独特的价值创造的流程，从“以创作为中心，以派演为主要供给模式”到“打通演出与创作、演出与市场、演出与受众间的壁垒，构建以演出为中心环节的运营机制”的转变，A 院团需要解决自身在文化创作生产和艺术产品供给中存在的文艺创作和文艺演出相脱节、文艺传承和作品的传播相脱节，院团市场竞争力和内部活力不足等一系列问题，这就决定了 A 院团在内部流程方面的改革绝不是对现有内部流程的简单改造，而是一次组织流程的再造。在组织流程再造过程中，A 院团的核心任务有四点：一是坚持以人民为中心创作导向，打造精品剧目，不断增加高质量产品供给，这是价值创造的起点；二是打造创作演出传播一体化的生产机制，突出以演出为中心环节，这是从艺术价值向客户价值转换的关键一步；三是注重技术创新，推动云演艺等新业态，用新产品新技术探索发展新路径，扩大传播和影响力，这是 A 院团用技术赋能发展，面对数字化生存的必然选择；四是注重售后服务，加大艺术普及，培育文化消费群体，这是 A 院团拉长丰富演艺产业链的有益探索。通过重塑内部价值链，打造出创作演出一体化、演出营销传播专业化、艺术普及常态化的新机制，将助力 A 院团成为真正的市场主体，这也是财务层面和业务层面目标得以实现的重要保障。

2.4.5 A 院团学习与成长层面战略目标

按照平衡计分卡理论，学习与成长层面需要解决的问题是为了达成财务层面、客户层面和内部流程层面的目标，A 院团应该如何学习和革新，获得面向未来的可持续发展能力。无论是什么行业，组织的健康可持续发展通常离不开一些基本要素，比如人力资本、信息资本等，这些要素是无形的，但对组织发展却有着深远的影响。A 院团历史悠久，拥有丰富的文化资源，包括一流的人才队伍、良好的品牌、超前的信息化建设意识，但这些资源要转化为有效的生产力，需要使院团的无形资产与发展战略保持一致。

艺术院团是一个人才密集型的产业，比其他任何行业都更加渴求人才，院团自身艺术特点、艺术风格、艺术魅力的形成和表演艺术的传承最终都是通过人这一关键要素来完成的，可以说，谁拥有了优秀的人才队伍，谁就拥有了立足于市场的核心竞争力。由此可见，艺术院团成长和人才发展战略是相辅相成的，把提升人员队伍素质，激发人才的活力放在重中之重的位置，走人才促效益的道路，是 A 院团实现基业长青的根本所在。而要把丰富的人才资源转化为有效的生产力，需要 A 院团不断提升自身艺术人才的再学习和技术再造的能力，将员工个人成长与院团改革发展有机结合起来，用待遇留人、用舞台留人，不断提升员工满意度，有效激发员工创造生产的积极性。首先，A 院团在改革发展中应注重对艺术人才的培养，抓能力提升，通过集中力量、搭建平台，不断创新人才选拔、引进、培养、使用、考核一体化的管理机制，激励用好骨干人才，帮助其在行业领域中脱颖而出，成为时代引领者；其次，通过以老带新推进青年专业人才的培养和梯队建设，让青年人才更多地参与到院团年度重点创排的剧目中，并通过强化业务考核倒逼其成长；最后，增强院团主创团队中自有力量的建设，为创作者提供舞台，增强演职人员的职业自豪感和归属感，留住人才的同时，为人才发展提供广阔空间，激发其艺术创作能力的提升，打造出一支高质量、高水平、具有成长性的专业人才队伍。此外，A院团还应积极推动内部绩效管理和收入分配机制改革，不断激发团队活力和内部协同能力，让员工能更多地分享到院团改革发展的成果，促使其能够和院团的价值追求保持一致，成为将文艺成果转化为良好的社会效益和经济效益的人力支持。

从组织可持续发展角度来看，学习与成长层面还应关注组织的长远发展能力。文化产业信息化趋势下，艺术产业要发展，就要充分利用互联网思维，运用线上线下互动模式进行文化产品创作、生产、推广和宣传，以及内部信息化治理。为了有效应对数字化时代的挑战，A院团需要不断提升自身应对数字化生存的信息技术能力，这是A院团面向未来发展的重要能力。数字化生存下，A院团必须跳出传统的思维，不断强化信息技术、大数据、互联网思维，加大对官网、官微等新媒体建设投入和信息维护，尝试线上直播、云剧场等云演艺形式的推广，注重对观众数据和用户体验的搜集整理分析，形成可以利用的信息资本，为剧目的打磨提高和演出的精准投放等提供有效信息参考；同时还应特别关注信息流带来的“关注力”，挖掘潜在用户的需求并与之建立联系，探索文艺服务供需的有效对接，助推行业的高质量发展，实现文化产品的多形式创作、多渠道共享和多平台盈利。只有这样，A院团内各种资源才能有效转化为院团的发展能力和盈利能力，员工生产率才能提高，A院团在未来的市场竞争中才能立于不败之地。

在平衡计分卡业绩衡量体系中，财务、客户和业务流程层面的目标的实现最终都离不开组织自身的学习与成长，这种面向未来的学习和成长能力让战略具备了可延展性。从学习与成长层面看，A院团改革发展战略分解目标是：坚持人才是第一资源，确立人才引领发展的战略地位，不断提升人员队伍的整体素质，用待遇、用舞台留人，有效激发员工创造生产活力；坚持信息是核心竞争优势，确立信息助力发展的战略地位，通过推广和应用新技术，不断提升院团应对数字化变革的信息技术能力，实现 A 院团优秀文艺资源的创造性转化和自身的创新型发展。

2.4.6 A 院团的战略地图

按照平衡计分卡理论，组织的绩效管理架构四个层面的目标之间存在一连串的因果关系，按照垂直向量进行联结形成的战略地图可以有效地阐述组织的战略。为此我们也将 A 院团在财务层面、客户层面、内部流程层面以及学习与成长层面的战略目标进行了联结，形成了 A 院团的战略地图（见图 2－2）。A 院团的战略地图很好地诠释出 A 院团的改革发展战略，并勾勒出组织战略达成的路径，循着这个路径，结合 A 院团创作生产规律和价值创造的特点，我们将继续从横向维度将战略地图和战略主题的目标转化为相应的衡量指标（包括财务、客户、内部流程和学习与成长四个层面的业绩指标和动因指标），从而初步形成基于平衡计分卡的 A 院团绩效评价指标体系（见表 2－1）。

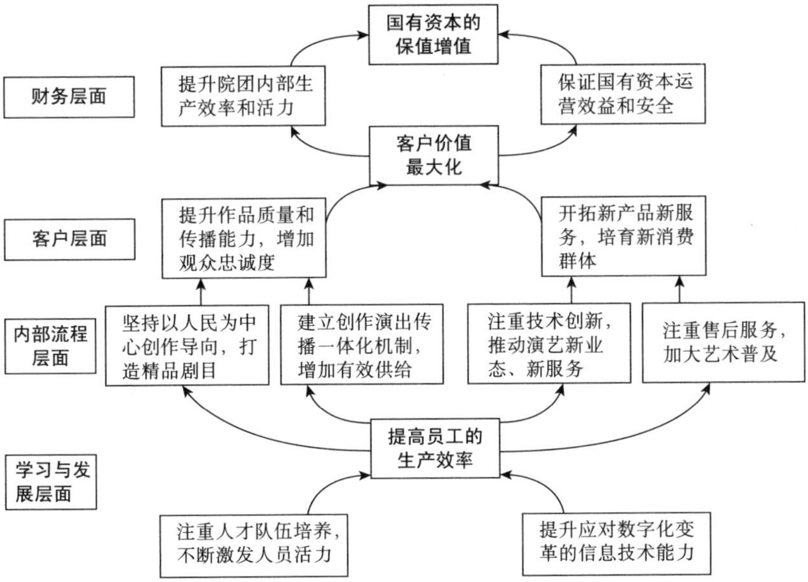

图 2－2 A 院团的战略地图

表 2－1　　A 院团绩效评价指标体系

一级指标	二级指标	三级指标	指标诠释	综合权重
财务维度（20）	提升院团内部效率和活力（35）	人力费用投入产出率（100）	人力费用投入产出率＝院团当年非财政拨款外的全部收入/当期工资福利支出×100%	7
	国有资本运营效益和安全（40）	经费自给率（50）	经费自给率＝当年事业收入/当年决算支出总额×100%	4
		财政投入产出比（50）	财政投入产出比＝（院团当年非财政拨款外的全部收入/院团本年度财政拨款投入）×100%	4
	国有资本保值增值（25）	净资产保值增值率（100）	净资产保值增值率＝期末净资产总额/期初净资产总额×100%	5
客户维度（25）	市场份额（24）	市场占有率（100）	市场占有率＝本院团演出场次/中直院团总演出场次	6
	客户保持（32）	政府购买服务场次的占比（50）	政府购买服务场次的占比＝政府购买服务场次/演出总场次	4
		演出观众维持率（50）	演出观众维持率＝本年演出观众人次/上年演出观众人次	4
	客户获取（24）	线上演出展播观众人次增长率（50）	线上演出展播观众人次增长率＝当期线上演出展播观众增长人次/上期线上演出展播观众人次×100%	3
		艺术普及人次增长率（50）	艺术普及人次增长率＝当期艺术普及增长人次/上期艺术普及人次×100%	3
	客户获利（20）	平均客户的收入额（100）	平均客户的收入额＝演出收入/演出观众人次	5
内部流程维度（30）	创作质量提升（30）	艺术创作质量和效果评价（70）	优、良、中、差（根据文旅部艺术考核结果）	6.3
		剧目双扎工作频率（30）	剧目双扎工作频率＝双扎活动次数/新创剧目	2.7
	创演一体化（30）	创作项目投资回收期（40）	创作项目投资回收期＝近三年剧目创排费用/近三年演出收入	3.6
		下基层演出场次占比（30）	下基层演出场次占比＝下基层演出场次/总演出场次	2.7
		巡演、驻演、文旅结合项目数量（30）	当年创排项目中安排了巡演版或驻演版或文旅结合的项目数	2.7

续表

一级指标	二级指标	三级指标	指标诠释	综合权重
内部流程维度（30）	线上线下融合（20）	作品知识产权拥有率（50）	作品知识产权拥有率 = 已获知识产权作品/拥有作品	3
		线上线下融合作品比例（50）	线上线下融合作品比例 = 线上线下融合项目/新创剧目	3
	艺术普及、消费培育拉长产业链（20）	品牌衍生收入（100）	品牌衍生收入 = 事业收入 – 演出收入	6
学习与成长维度（25）	信息化能力指标（24）	信息化应用场景情况评估（100）	客户信息系统、智慧办公、艺术档案数字化应用、线上演播 4 个应用场景	6
	人员队伍素质指标（40）	在职专业技术人才占比（40）	在职专业技术人员占比 = 在职专业人员数/当期平均人数 ×100%	4
		员工培训转化率（30）	员工培训转化率 = 当期职称或职务提升人数/当期平均人数 ×100%	3
		高级职称人才占比（30）	高级职称人才占比 = 副高以上职称人员数/当期平均人数 ×100%	3
	员工满意度指标（36）	人均工资水平（60）	人均工资水平 = 当期工资福利支出/当期平均人数	5.4
		员工流失率（40）	员工流失率 = 当期离职员工（不含退休）/当期平均人数 ×100%	3.6

2.5 A院团运用平衡计分卡的综合业绩评价

2.5.1 财务维度绩效评价

从表2-2看出，经绩效评价小组评价，A院团财务维度得分是100分。由此可以看出，经过院团近年来的改革，内部的效率和活力得到了有效激发，院团每投入1单位的工资薪酬，就可以得到0.95单位的面向市场的产出，这个比例比行业平均值高出近1倍，极大保证了院团整体收益水平。院团经费自给能力和财政投入产出比也远高于同行业水平，国有资本运营效益和安全性都有很好的保障，最终实现了国有资本保值增值的目标。

表2-2　　A院团财务维度绩效评定

二级指标	三级指标	标准分值（分）	行业平均值（%）	剧院实际值（%）	实际得分（分）
内部效率和活力	人力费用投入产出率	35	51	95	35
国有资本运营效益和安全	经费自给率	20	31	49	20
	财政投入产出比	20	39	89	20
国有资本保值增值	净资产保值增值率	25	3	9	25
汇总		100			100

数据来源：公有制文艺表演团体（事业）基本情况和部门决算。当实际值大于等于行业平均值时按标准分值取值，当实际值小于行业平均值时按实际值占行业平均值的比例来计算实际得分。

2.5.2 客户维度绩效评价

从表 2－3 看出，经绩效评价小组评价，A 院团客户维度得分是 93.9 分，扣分项目主要是政府购买服务场次的占比未达预期，说明院团在与政府大客户关系维护上还有欠缺；此外，线上观众的增长率未达预期，说明院团在新客户获取能力上不足，需要演出中心进一步挖掘客户需求，加强与政府客户的沟通，提升线上演出展播能力，并将此作为下一年度演出中心任务考核的重点内容。客户获利率和考级培训人次增长都远超预期，说明付费客户的培育以及拉长业务产业链方面还有较大发展空间，将会是院团下一个经济增长点。

表 2－3　　A 院团客户维度绩效评定

二级指标	三级指标	标准分值	预期值	实际值	实际得分
市场份额的指标	市场占有率	24 分	20%	22%	24.0 分
客户保持率	政府购买服务场次的占比	16 分	25%	23%	14.7 分
	观众人数	16 分	130000 人	132467 人	16.0 分
客户获取率	线上演出展播观众人次增长率	12 分	5%	3%	7.2 分
	艺术考级和培训人次增长率	12 分	5%	10%	12.0 分
客户获利率	平均客户的收入额	20 分	180 元/人	186 元/人	20.0 分
汇总		100 分			93.9 分

数据来源：公有制文艺表演团体（事业）基本情况和剧院当年工作计划。当实际值大于等于行业平均值时按标准分值取值，当实际值小于行业平均值时按实际值占行业平均值的比例来计算实际得分。

2.5.3 内部流程维度绩效评价

从表 2－4 看出，经绩效评价小组评价，A 院团内部流程维度得分是85.5分，扣分项目主要是创作演出一体化打造效果不及预期，项目全生命周期价值的挖掘还有待深入，投资回收期较长，打造巡演、驻演项目能力也还有欠缺，院团应进一步加大对创作项目论证，充分发挥艺委会的作用，提升一体化打造效果。此外，线上线下作品融合能力也待提升，作品知识产权申请应进一步重视，给线上演艺产业布局助力。品牌衍生收入情况表现亮眼，得益于品牌影响力挖掘，也得力于一线演员向二线转型发展给艺术考级和培训等业态提供了人力支持，院团一体两翼的发展思路基本得到落实，衍生产业形成了对主业的反哺。

表2-4　　A院团内部流程维度绩效评定

二级指标	三级指标	标准分值	预期值	实际值	实际得分
创作质量	艺术创作质量和效果评价	21分	优	优	21.0分
	剧目双扎工作频率	9分	2次/年	2次/年	9.0分
创作演出一体化	创作项目投资回收期	12分	4年	5年	9.0分
	下基层在总演出场次中的占比	9分	18%	24%	9.0分
	巡演、驻演、文旅结合项目数量	9分	2项	1项	4.5分
线上线下融合	作品知识产权拥有率	10分	50%	40%	8.0分
	线上线下融合作品比例	10分	2	1	5.0分
艺术普及、消费培育效果	品牌衍生收入情况	20分	4800万元	6100万元	20.0分
汇总		100分			85.5分

数据来源：公有制文艺表演团体（事业）基本情况、剧院当年工作计划、文旅部艺术创作结果反馈。当实际值大于等于行业平均值时按标准分值取值，当实际值小于行业平均值时按实际值占行业平均值的比例来计算实际得分。

2.5.4　学习与成长维度绩效评价

从表2-5看出，经绩效评价小组评价，A院团学习与成长维度得分是86.9分，扣分项目主要是信息化应用场景方面客户信息管理系统和线上云演艺技术应用场景还没有得到有效实施，这也影响了客户关系维护和线上线下融合发展的业绩，下一阶段院团应重点加大这两部分信息化建设。此外，院团高级职称在专业人才中的占比未达到行业平均水平，在人才队伍建设中还要突出对高端人才培养和引进。表现比较良好的是院团的薪酬水平远超同行业水平，有效调动了员工创作生产的积极性，人才效益高的同时让员工也能更好地分享院团改革发展的成果，实现了院团发展与人才活力的双丰收。

表 2-5　　A 院团学习与成长维度绩效评定

<table>
<tr><th>二级指标</th><th>三级指标</th><th>标准分值</th><th>预期值</th><th>实际值</th><th>实际得分</th></tr>
<tr><td>信息化能力指标</td><td>信息化应用场景情况评估</td><td>24 分</td><td>4</td><td>2</td><td>12.0 分</td></tr>
<tr><td rowspan="3">人员队伍素质指标</td><td>专业技术人才占比</td><td>16 分</td><td>85%</td><td>87%</td><td>16.0 分</td></tr>
<tr><td>员工培训转化率</td><td>12 分</td><td>5%</td><td>6%</td><td>12.0 分</td></tr>
<tr><td>高级职称在专业人才中的占比</td><td>12 分</td><td>45%</td><td>41%</td><td>10.9 分</td></tr>
<tr><td rowspan="2">员工满意度指标</td><td>人均薪酬水平</td><td>21.6 分</td><td>24 万元/年</td><td>25.5 万元/年</td><td>21.6 分</td></tr>
<tr><td>员工流失率</td><td>14.4 分</td><td>2%</td><td>1%</td><td>14.4 分</td></tr>
<tr><td colspan="2">汇总</td><td>100 分</td><td></td><td></td><td>86.9 分</td></tr>
</table>

数据来源：公有制文艺表演团体（事业）基本情况和剧院当年工作计划。当实际值大于等于行业平均值时按标准分值取值，当实际值小于行业平均值时按实际值占行业平均值的比例来计算实际得分。

2.5.5　综合绩效评价

经绩效评价小组评价，A 院团 2019 年整体支出的绩效评价得分是 90.85 分，主要得益于院团内部业务部门考核机制以及“一体两翼”的发展思路的有效实施，院团员工的活力和创作力不断激发，人才效益有效提升，在同行业中处于领先水平；同时，院团内部薪酬体系改革也让更多员工共享到了院团改革发展的成果，院团的薪资在行业里有较好的竞争性，基本实现了人才促院团发展，院团发展助力人才成长的良性循环。但考核也暴露出院团在线上线下一体化打造以及剧目创作演出一体化打造方面仍有短板，主要是客户信息管理系统和线上云演艺技术信息化建设缓慢，一定程度上影响到流程改造效果。下一阶段工作，将该任务分解到相应部门加以推动，用信息化建设助力院团新产品新服务的发展和客户精准化营销管理，为院团提升新业态的竞争力奠定基础。

第3章

B大学绩效管理案例

3.1 研究背景

党的十八大以来，以习近平同志为核心的党中央高度关注高等教育事业。特别是 2018 年的全国教育大会，习近平总书记再次明确指示“加快一流大学和一流学科建设，实现高等教育内涵式发展”。

随着 2017 年我国第一批“双一流”高校名单的公布，新时代高校内涵式发展正式拉开序幕。这是继“211 工程”和“985 工程”之后，立于“两个一百年”奋斗目标的历史交汇点，中国高等教育发展过程中又一新的重大战略。在“双一流”建设过程中，相较于部属高校经费来源的多样性，省属高校的建设经费来源大多比较单一，仅由本省的财政负担。这就呈现出了一个趋势，经济强省或重视教育投入省份的财政拨款远高于经济较差或教育重视程度相对较低省份的财政拨款，财政投入的不平衡现象严重影响着省属高校“双一流”建设的进程。

立足于我国当前发展不平衡与不充分的社会矛盾现状，为合理分配和有效使用有限的财政投入，加强“双一流”建设的绩效评价势在必行，而将平衡计分卡的方法引入绩效评价，不失为一种好的解决方案。虽然平衡计分卡最初只应用于营利组织，但是经过几十年的发展，其应用范围早已不局限于营利组织，成为行政事业单位绩效评价和组织战略管理的工具。因此，可以将平衡计分卡理论与省属高校“双一流”建设的战略目标相结合，多角度全面地将其转化为有形的目标和衡量指标，为省属高校“双一流”建设提供重要保证和指导方向。

“双一流”建设与以往的各项建设项目和工程的重要区别在于，它是以国家战略目标为导向，对名单内高校实施动态调整机制，打破了高校建设“一劳永逸”的传统。本章从平衡计分卡的视角出发，探讨了“双一流”高校建设的战略目标和动态开放的调整机制。这有助于高校在激烈的竞争中持续进步，并以培养人才、科技创新和服务社会为核心导向。通过这些战略目标的引导，可以为我国高等教育强国的建设奠定坚实基础，并确保省属高校的“双一流”建设绩效评价能够充分发挥人才和资源的潜力，最大限度地减少人才浪费和资源损耗。

随着我国社会经济由重数量的高速增长转变为重质量的内涵发展，高等教育发展战略也迎来重大变革，因此，省属高校必须要适应新时代新形势下的教育改革。在此背景下，本章基于平衡计分卡视角，构建适用于省属高校“双一流”建设的绩效评价指标体系，并以 B 大学为案例，对 B 大学“双一流”建设进行全面探究，深度挖掘其在“双一流”建设中出现的问题，期望通过引入平衡计分卡的方法来弥补省属高校“双一流”建设绩效评价存在的短板，提升绩效管理的水平。

3.2　B 高校基本情况

B 大学是教育部批准的“211”综合性重点大学，2017 年成为国家“双一流”建设中第一批一流学科建设高校。在一流学科建设过程中，B 大学坚持“突出特色、重点建设、全面发展”的原则，深入贯彻落实习近平总书记的重要讲话和重要指示，主动融入国家创新驱动发展战略、“一带一路”倡议等，落实立德树人的根本任务，以体制机制创新为着力点，全面推进治理体系和治理能力现代化，在深化改革、服务需求、开放合作中加快特色建设和高质量建设。在“双一流”建设期间，B 大学遵循高等教育发展规律，注重通过治理体系和制度建设来解决学校发展中的深层问题，严格按照建设方案统筹推进各项建设任务。截至 2021 年初，B 大学在一流学科建设、国际交流合作、服务地方经济及科学研究、优秀人才培养、大学治理等方面都取得了显著成绩，为“世界一流学科”建设奠定了较好的基础。

3.2.1 坚持和加强党的领导

B 大学充分发挥党委在“双一流”建设中总揽全局、协调各方的领导核心作用，落实党委领导下的校长负责制和民主集中制，形成以《B 大学章程》为统领的制度体系；全面深化以人事制度改革为核心的综合改革，不断提升治理体系和治理能力的现代化水平。

3.2.2 突出学科建设

在学科建设中，B 大学秉承“支撑引领、特色取胜”的发展理念，优化学科布局，并加强学科交叉融合。在办学特色方面，形成 B 大学独具特色和优势的学科群，以对接 B 省地方主导的特色产业发展；围绕 B 大学发展过程中所需要的领域组建创新团队，强化学科交叉融合。在第一个建设周期内，B 大学的学科发展取得新的突破——1 个学科入选世界一流建设学科名单，3 个优势特色学科群各自对接 B 省地方主导产业，拥有国家重点学科 3 个（含 1 个培育学科），共有 4 个学科进入 ESI 全球前 1%。

3.2.3 夯实育人基础

B 大学坚持以立德树人为根本任务，培养拔尖创新人才。作为全国 25 所“三全育人”综合改革试点高校之一，B 大学建立健全“三全育人”工作机制，把社会主义核心价值观融入教育教学全过程，构建“本硕博一体化”的人才培养体系。早在20世纪80年代，B大学就已建立起从本科到博士及博士后的人才培养体系，截至2021年，B大学已有6个学科建设有博士后科研流动站，10个一级学科博士点；共有博士研究生600多人，硕士研究生7000余人，国际学生300多人，本科生3万多人，合计全日制在校学生近4万人。

3.2.4 加强人才队伍建设

B大学坚持人才强校战略，加快建设高水平师资队伍。在第一个建设周期内共引进各类人才900余人，新增中国科学院院士、长江学者等国家级高层次人才11人，具有博士学位专任教师占比增幅为11.7%，具有海外留学经历的教师占比增幅为14.5%。B大学目前已拥有专任教师2300多人，其中，博士学位的教师1150余人，高级职称教师1200多人。

3.2.5 推进开放办学

B大学坚持高位嫁接，不断推进开放办学。建设期间与天津大学、上海交通大学等一流高校进行对口合建，提升学科建设水平。B大学充分利用B省的开放政策，与近200个境外知名院校和国际科研机构建立合作关系，构建了完整的“本硕博”国际学生教育培养体系。

3.2.6 强化社会服务能力

B大学在社会服务方面坚持需求牵引、目标导向，提高科技创新水平和社会服务能力。B大学一直以学科建设和科学研究为基础支撑服务国家重大战略的能力，其拥有多个国家重点实验室、省部级协同创新中心，以及省部级重点实验室和省部级工程研究中心。有院士团队创新中心 21 个，院士工作站十多个。从建校至今已获得 900 多项科教成果，包括国家科技进步奖一等奖和国家发明一等奖，此外还两次荣获全国专业技术人才先进集体。

B 大学在“双一流”建设取得进展的同时，亦存在如下问题：一是人才培养结构不合理，研究生教育规模较小。2021 年，学校有本科在校生 33000 多人，研究生在校生接近 6000 人，本科与研究生培养规模比例约为 6∶1。研究生培养规模严重偏低，不能满足学校建设世界一流学科建设、发展高水平教师以及培养足够拔尖创新人才建设 B 省自由贸易港的实际需求。二是师资队伍规模偏小，高水平师资队伍数量偏低。其主要原因是学校发展基础较低，导致培养和引进高层次人才存在较大难度。三是科技创新水平及服务经济社会发展的能力有待提升。B 大学所在区域经济发展基础较差，规模以上产业聚集较少，同时学校师资规模偏低，高水平师资队伍数量较小，导致科技创新能力及服务地方经济社会发展能力相对较弱。四是发展建设资金总量较小，“双一流”建设条件保障能力较弱。学校地处于中西部经济发展相对落后的省份，与部属高校和位于东部经济发达省份的高校相比，尽管地方政府给予全力支持，但 B 大学建设发展资金总量仍然较小，无法满足学校快速发展所需基础能力建设和综合实力提升的需求。此外学校筹措办学资源渠道有限，办学经费投入渠道和资金自主管理权有待进一步扩大。

3.3 B 大学“双一流”建设绩效评价现状

2015 年 10 月，国务院印发《统筹推进世界一流大学和一流学科建设总体方案》（以下简称《总体方案》）。此后，各省市根据自身情况和高等教育现状相继公布了“双一流”建设方案，B 省亦同步深入推进本省高等教育改革的工作，并出台了 B 省的办好“双一流”大学的工作方案。

2018 年，B 省财政向 B 大学拨付4.7 亿元用于落实高校生均拨款制度。2021 年，B 省财政拨付 1200 万元用于 B 大学“双一流”建设。为提高资金使用效益，确保立项学科建设质量以及推进“双一流”建设绩效评价，B 省教育厅、财政厅颁布了《B 省立项建设一流学科绩效考评办法》并制定了详细的绩效考评指标体系，明确提出“实行年度报告、3 年中期评估和 5 年期满考核验收相结合的办法，对一流学科进行评价考核”“考评结果由省教育厅、财政厅在一定范围内予以公布。一流学科建设绩效评价结果优秀者，给予该一流学科一定奖励，并自动进入下一轮一流学科建设项目；不合格者，将视情况决定处理意见”。由此可见，B 省“双一流”建设突出以绩效为导向，将绩效评价结果作为衡量各高校教育发展水平和获取资源的重要指标。2019 年 B 大学按照上级要求对本校的两个一流学科从建设情况概述、建设进展数据、经费使用情况和自我评价意见四个方面进行了“双一流”建设的中期自我评价，但 B 大学“双一流”建设的绩效评价仍存在许多问题。

3.3.1 总体上对绩效评价的重要性认识不足

首先，B 大学在整体层面上未能充分重视绩效评估工作。学校通常将焦点放在获取财政资助上，而将获得资助后的绩效评估视为常规的考核任务。在收到省级通知后，学校往往未进行必要的协调和沟通，也未制订指导性工作计划，而是直接将文件简单转发至项目执行部门，并最终由财务部门负责执行。这种做法既没有从学校整体战略出发，也缺乏与学校的中长期发展目标相结合。至于项目申报时填写的绩效目标表格，执行部门仅对各项目单位提交的材料进行汇总上报，未能发挥统筹协调的关键作用。

其次，学校内负责具体项目的执行部门对于绩效评估的理解尚显不足。由于这些部门接触绩效评估的机会较少，缺乏相应的理论知识和实践经验，从而影响了评估结果的准确性和可靠性。

最后，单位通常由财政部门按照固定格式对财政专项资金进行绩效评价来应付上级部门要求，并未真正开展行之有效的绩效评价活动。

3.3.2 评价的规范性、真实性有待提升

目前“双一流”高校建设的评价流程始于各高校的自我评估，随后专家评审团队依据学校提交的自评报告等资料进行评估，并在校园实地考察中主要参照这些报告。然而，对于某些评价维度，如毕业生的雇主满意度、家长的信任度、教职工的满意度以及实践教学的成效等，专家组实地验证存在难度，因此，评估工作很大程度上依赖于高校自评报告的内容。这使评价的客观性、科学性和公正性受到质疑，同时评价指标体系的战略性和前瞻性也需要进一步提升。

3.3.3 绩效评价方式有待改进

B 大学“双一流”建设的绩效评价工作因绩效评价机制不够完善，目前仅限于项目实施部门对专项资金项目绩效评价报告和评分表进行填写。以财政支出项目经费使用情况为例，根据规定，资金分配的重点领域包括学科团队建设、科研活动、人才的引进与培育、学术沟通、平台建设以及其他相关领域。对于资金在这些领域的具体分配数额，需要进行更加详尽的划分。尽管学校指派财务部门负责这项分类工作，但由于缺少其他相关部门的配合，所提供的数据精准度尚需增强。这种情况可

能导致绩效评估无法准确反映实际经费使用状况。

3.3.4 缺乏针对省属高校“双一流”建设的绩效评价体系

绩效评价工作在省属高校“双一流”建设项目中扮演着至关重要的角色，它需要依托于一套科学且高效的评价准则和指标体系。然而，现行的指标体系往往只覆盖了部分领域，未能形成一个全面和综合的评价框架，并且在量化指标方面，尤其是与高校“双一流”发展紧密相关的指标，数量更是有限。因此，在构建绩效评价体系时，面临的挑战包括：如何筛选出与省属高校“双一流”建设紧密相关的指标；如何将这些绩效评价指标与省属高校的独特性及优势有效结合；以及如何将这些指标转化为可量化的评估标准。此外，如果不考虑到不同学科之间的特性差异，而采用统一的评价指标体系对所有学科进行绩效考核和评价，那么评价结果可能无法准确反映各学科的实际发展水平。

3.4 基于平衡计分卡视角的B大学“双一流”建设绩效评价

3.4.1 平衡计分卡运用于高校“双一流”建设绩效评价的适用性

（1）平衡计分卡运用于高校绩效评价的理论依据

虽然平衡计分卡的最初目的是评价企业绩效，从而改善企业盈利能力，但是将其运用于事业单位、政府等非营利组织的绩效管理也可发挥更好的效果。因为非营利组织存在的意义就是为目标利益相关者提供特定的服务，因此更需要向公众传达它们的使命，诠释它们的目标和衡量业绩的标准（卡普兰和诺顿，2013）。对于非营利组织而言，财务指标不是目标值，而是约束值，即要在合理的财务预算内完成利益相关者的需求。因此，非营利组织的平衡计分卡不以财务指标为核心，而是将客户指标放在首要位置（卡普兰和诺顿，2017）。平衡计分卡理论也被美国政府引入，在政府预算绩效管理中应用，取得了显著成效，大大提升了公众满意度（颜海娜和鄞益奋，2014）。上述例子说明了平衡计分卡如何运用于非营利组织，将组织的使命和愿景转化为具体的行动指标。

（2）平衡计分卡已在国外高校绩效评价中成功运用

美国加州大学圣迭戈分校为了提高住房管理部、差旅管理部、书店、保安部等后勤行政服务部门的工作效率和客户满意度，引入了平衡计分卡，并推广到了其他 27 个服务部门。应用平衡计分卡后取得了很好的成效：人力资源部招聘新职工的成本从 388 美元降低到约 200 美元；住房清洁费用每平方英尺从 0.94 美元降低到 0.84 美元；学生宿舍成本两年内降低了 90 万美元；财务部门处理报销的时间从原来的平均 6 个星期大大缩短到了 3 天；薪酬部门的工作出错率降低了 80%。正是由于将平衡计分卡理论引入绩效评价改革的创新性举措，该学校于 1999 年荣获罗切斯特理工学院和《今日美国》共同颁发的“教育质量奖”（卡普兰和诺顿，2017）。

另一个展示了平衡计分卡理论在高等教育绩效评估中应用的实例，是英国的利兹大学，该校通过此方法有效地推进了其战略计划的实施。利兹大学在其内部战略中，依据优先级划分了教育人才发展、科研活动、学校声誉和社会责任四大领域，并据此设定了 22 项明确的目标。在客户相关层面，该校从巩固教育特色、加强内外联系和提高教育质量三个维度出发，确立了 7 项具体目标。在学习和成长层面，利兹大学同时关注了有形资产的扩充和无形资产的增长。同样，爱丁堡大学、康奈尔大学以及悉尼科技大学也通过在绩效管理体系中融入平衡计分卡理论，实现了显著的成效。

（3）平衡计分卡运用于高校“双一流”建设绩效评价的适用性

平衡计分卡在高校绩效评价中运用的理论依据和成功案例证明了其在高校建设绩效评价方面具有普遍适用性。高校“双一流”建设包括一流大学建设和一流学科建设，一流学科建设是一流大学建设的组成部分和基础，一流大学建设是以一流学科建设为重点的学校整体建设。无论是一流大学建设还是一流学科建设都需要整合学校各种资源、各个部门协同配合，都具有系统性，二者辩证统一于学校整体建设。因此，平衡计分卡理论同样适用于对高校“双一流”建设的绩效情况进行评价。

3.4.2 高校“双一流”建设绩效评价指标体系的构建

绩效评价指标体系构建是绩效评价的基础和核心。教育部、财政部、国家发展改革委于 2018 年 8 月联合发布了《关于高等学校加快“双一流”建设的指导意见》（以下简称《指导意见》）。《指导意见》要求高校“双一流”建设要做到四个坚持，即坚持“特色一流”“内涵发展”“改革驱动”“高校主体”。特别要求：无论是相关主管部门还是高校自身，都应坚持多元综合性评价。基于各高校的特色和优势，“探索建设具有中国特色的‘双一流’建设综合评价体系”。《指导意见》提倡将高校的学科建设和学校整体建设相并行，以学科建设推动学校整体发展，要求在评价过程中将定性和定量评价、主观和客观评价相结合，特别鼓励第三方独立开展监测评价。这些都是“双一流”建设高校制定愿景和战略的出发点和落脚点，也是高校绩效管理的指挥棒。本章在解读国家关于“双一流”建设的主要政策和精神的基础上，运用平衡计分卡原理，构建“双一流”建设绩效评价指标体系。

（1）绩效评价原则

一是卓越导向原则。我国高等教育要坚持内涵式发展，建设世界一流大学、一流学科，在具有可比性的领域进入世界一流行列或前列。所以在评价指标的选择上要秉持卓越导向的评价理念，在可比领域对标世界一流标准，借鉴全球四大高校排名系统 US. NEWS、QS、TBE TIMES 以及 ARWU 的相关指标。

二是核心突出原则。办好我国高等教育，办出世界一流大学，必须牢牢抓住全面提高人才培养能力这个关键点，并以此来带动高校其他工作。所以在评价指标的选择上需要充分考虑高校人才培养质量及社会满意度，以及突出高校在政策导向、资源配置、支持体系等方面体现人才培养核心地位的情况。

三是需求导向原则。《总体方案》指出高等学校要在服务经济社会发展、支撑国家创新驱动发展战略等方面发挥重大作用。“双一流”建设强调社会服务贡献，产学研深度融合，因此在指标设计上要反映高校服务国家战略和社会发展的情况。

四是特色导向原则。我国要创办有中国特色的世界一流大学、一流学科。在评价指标设计方面，有特色就是一方面要反映中国国情，立足于中国高等教育的现状；另一方面要反映高校的校情，立足于学校自身优势和办学定位，实现中国高等教育差异化发展的目的。

（2）基于平衡计分卡的“双一流”建设高校战略地图

“双一流”建设高校的总目标就是“一流大学”和“一流学科”。基于这个总目标，各高校根据自身办学定位和优势，确定大学战略目标以及在客户、财务、内部流程和学习与成长层面的具体目标和评价指标。

①从客户层面来看。在客户层面，高校要明确的问题是根据学校的定位和办学目标，哪些细分的客户群体是它的目标客户？这个客户群体的价值主张和需求是什么？怎样吸引优秀生源来校就读？一般来说，学

生、毕业生接收单位、政府和社会是大学的主要服务对象。高校为学生提供教育服务，为用人单位输送有用人才，科研成果转化后服务于社会，为政府决策提供智库支持。可见，高校在客户层面的具体目标有利于提升人才培养质量；提高学生、家长、用人单位等利益相关者的满意度；强化科研创新；突出社会贡献和提升国际声誉。根据卡普兰和诺顿的研究，非营利组织的平衡计分卡与企业的平衡计分卡非常相似，但不同的是，非营利组织的平衡计分卡赋予客户和员工更重要的角色，更强调这些层面的目标与业绩驱动因素（卡普兰和诺顿，2013）。所以在高校的平衡计分卡中，客户层面在最上层。学校各项工作包括绩效管理应以客户为中心，以客户需求为导向。因此，本章从人才培养、科研创新、服务社会和提升国际声誉四个维度来衡量“双一流”建设高校在客户层面的建设成效。

②从财务层面看。高校作为非营利组织，要把开支控制在预算之内，但是仅能够维持开支和预算平衡不能衡量高校在财务层面的成功，而是要看是否实现了办学目标，是否满足了学生和其他利益相关者对教育服务的要求。因此，财务层面可以看作是一个约束值而不是目标值。高校“双一流”建设必然需要大量的资金支持，因此即使财务不是高校绩效衡量的一个重要角度，但财务还是作为一个重要的约束因素放到第二层面。同时，高校在积极争取财政性资金的同时，也应努力自筹经费。《总体方案》指出，“高校应建立政府、社会、学校等相结合的多元化筹资渠道”。“十年树木，百年树人”，教育的成效显现具有滞后性和非经济性。“双一流”建设还在初期阶段，布局性投入的资金较大，而与之相对应的成效尚未显现。因此，“双一流”建设高校需要将增加“双一流”建设投入，建立多元化筹资渠道，强化预算执行，聚焦学生培养作为其财务层面的具体目标。本章从资金投入总额、来源渠道以及精准投放等几个维度来衡量“双一流”建设高校在财务层面的绩效。

③从内部流程层面看。工作流程是组织管理的重要载体，是管理思

想、管理制度落地的重要手段和措施。虽然组织不同，内部流程也千差万别，但卡普兰和诺顿认为，企业必须关注四类关键内部流程，即客户管理流程、运营管理流程、创新流程以及法规与社会流程（卡普兰和诺顿，2005）。高校也是如此，应特别关注学生和教职工管理、教学管理、科研管理、教学辅助系统管理、合规及风险管理等关键流程。高校还应不断改进内部流程来提高教育质量，杜绝资源浪费。《指导意见》指出应“健全高校‘双一流’建设管理机构，创新管理体制与运行机制，完善部门分工负责、全员协同参与的责任体系”。一流大学应该有一流的管理，高校应强化育人的制度保障，以培养一流人才作为管理体制、教学体系、科研体制、人事制度等各项改革的出发点。同时，文化传承是大学的基本职能之一，社会声誉是大学最重要的无形资产之一，大学应合规运营。因此，“双一流”建设高校在内部流程层面的具体目标有提升大学治理、制度机制创新、保障教育教学质量、提升服务水平以及规范运营。本章从提升大学治理和完善内部管理（包括保障教育教学质量、提升服务水平以及规范运营等）两个维度来衡量“双一流”建设高校在内部流程层面的建设成效。

④从学习与成长层面看。学习与成长层面的目标对于实现客户、财务和内部流程方面的目标至关重要，它们不仅是这些目标达成的基础保障，也是推动这些领域取得优异成果的关键动力。高校能否实现其设定的客户、财务和内部流程目标，取决于其教育与成长能力，这种能力是大学可持续发展的决定性因素。

毋庸置疑，一流大学一定要有一流的教师队伍。对教师队伍的评价力求能够综合考察教师队伍教育教学、师德师风、社会服务、科学研究、影响力以及专业发展等方面的情况，克服“五唯”倾向。实践证明，教职工士气以及对工作的整体满意度是一个极为重要的目标，毕竟赢得人才方能赢得发展。但是，满意度还不能完全代表教职工对学校尽职尽责，教职工还要理解并帮助学校实现战略目标。研究表明，在美国，只有51%的资深经理（在英国更少，只有3%）的个人目标与组织战略相联系；21%的美国中层管理人员（英国为10%）的个人目标与组织战略相联系；7%的美国一线员工（英国为3%）的个人目标与组织战略相联系（卡普兰和诺顿，2017）。可见，学校管理层帮助教职工设定的个人目标和团队目标要与学校目标一致。

从长远来看，大学文化构成了高校活力与竞争力的核心，是其持续发展的关键。普遍认为，大学文化是指高校师生共同认可并遵循的价值观、行为规范和精神目标，这些文化特征是经过长期的教育实践逐渐积累和沉淀下来的，它们能够凸显大学的独特性和教育宗旨。《指导意见》指出，高校应“塑造追求卓越、鼓励创新的文化品格，弘扬勇于开拓、求真务实的学术精神，形成中外互鉴、开放包容的文化气质”。中国高等教育的根本在文化，创建世界一流大学的过程就是培育大学精神和文化的过程（邬大光，2018）。那么如何衡量大学文化呢？“大学文化建设最重要的就是行政文化的营造。大学的人才培养、科学研究是教师们完成的，但是他们在什么状态下工作则是书记、校长和管理干部们应该关注的，一流大学不仅是学术水平的体现，也是管理水平的体现，甚至大学的学术文化都是由行政文化决定的”（黄达人，2019）。邬大光也认为大学文化建设还必须先从制度入手，因为只有制度的不断推进，才能形成文化，这就是大学的制度文化。现有关于大学绩效评价的文献并没有充分关注大学文化对战略实施的重要影响，实务中将大学文化建设成效作为绩效评价指标的也不多见，而将大学文化建设情况作为绩效评价指标正是本书的创新之一。因此，“双一流”建设高校在学习与成长层面的具体目标有提升教师影响力及发展潜力，提高教师及其他员工满意度，培育持续改进的、具有创新活力的大学文化，确保个人目标与大学目标协调一致。在此将从教工满意度、教师能力、大学文化、激励与协调等几个维度来衡量“双一流”建设高校在学习与成长层面的绩效。

客户、财务、内部流程、学习与成长四个层面的指标之间不是简单地罗列，而是具有相互促进的因果关系。综上所述，可构建“双一流”建设高校的战略地图，如图 3 - 1 所示。

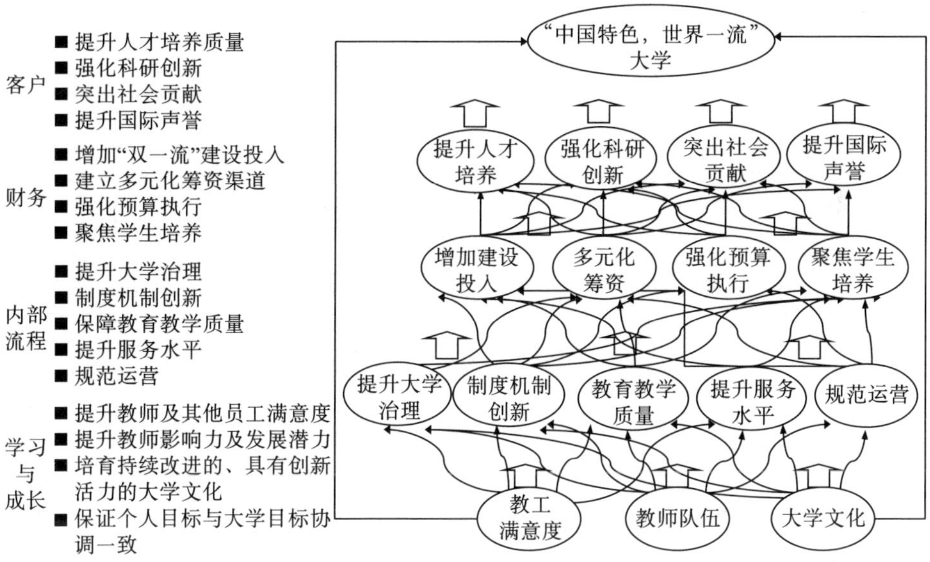

图 3 - 1　“双一流”建设高校战略地图

（3）绩效评价指标及其内涵

在深入理解国家政策导向的基础上，笔者访谈调研了行业绩效管理专家和资深教授，听取了他们对“双一流”建设绩效评价的意见和建议，综合考虑现行高校绩效管理工作的经验和存在的问题，开发和选择如下绩效评价指标用于“双一流”建设绩效评价，见表 3 - 1。

各绩效评价指标内涵如下：

一是毕业生满意度，指毕业生对毕业院校总体情况、培养效果以及自身就业状况、职业发展与成长等方面的评价。教育部于 2020 年 9 月发布关于开展高校毕业生就业状况跟踪调查的通知，宣布从 2020 年开始，教育部正式启动针对“双一流”建设高校毕业生的就业状况跟踪调查，包括用人单位调查和高校毕业生调查两个方面，调查结果将建立相关大数据库，并以白皮书的形式适当发布。该通知明确指出，调查结果将用于“双一流”学科建设成效评价。

表3-1　　基于平衡计分卡的高校“双一流”建设绩效评价指标

角度	战略目标	战略衡量指标
客户	提升人才培养质量	毕业生满意度
		雇主评价
	强化科研创新与重大突破	标志性学术成果
	突出社会贡献	横向课题、技术转移与成果转化收益
		重大政策咨询及建议采纳数、解决重大社会现实问题数
	提升国际声誉	国际学生比例
财务	增加“双一流”建设投入	“双一流”专项资金收入总额
	建立多元化筹资渠道	“双一流”建设自筹资金比例
	强化预算执行	“双一流”专项资金执行率
	聚焦学生培养	生均教育教学经费
内部流程	提升大学治理	治理能力和治理创新
	完善内部管理：保障教育教学质量，提升服务水平，规范运营	制度机制创新
		教育教学管理体系
		教学辅助体系
		“双一流”专项资金使用规范率
学习与成长	提升教师及其他员工满意度	教师及其他员工满意度
	提升教师能力及发展潜力	高影响力教师数量
		博士学位青年教师比例
	培育持续改进、具有创新活力的大学精神和大学文化	培育具有创新精神的大学文化
	保证个人目标与大学目标协调一致	教工提出改进建议的数量以及建议被采纳的数量

二是雇主评价，指用人单位对高校毕业生职业素养、专业水平、职业能力、发挥作用等方面的满意度。与毕业生满意度一样，2020年后

该指标数据可从教育部的调查中获取。

三是标志性学术成果，指以大学为署名单位的具有原创性和科学价值的代表性学术成果，反映大学的学术贡献。根据《“双一流”建设成效评价办法（试行）》，科学研究评价应突出原始创新与重大突破，克服“五唯”，切实回应国计民生的现实需要，解决关键技术“卡脖子”等问题，推动科技进步，服务资政决策。

四是横向课题、技术转移与成果转化收益，指横向课题经费（含技术开发、技术服务、技术咨询等）、技术转移和成果转化收入总额，反映高校服务社会及科技成果转化等的情况，考察了高校立足优势学科主动服务国家重大战略、区域发展以及行业产业发展需求的情况。

五是重大政策咨询及建议采纳数、解决重大社会现实问题数，指以党和国家领导人批示的研究报告、政策咨询建议采纳数以及参与国内外重要标准制定次数等为统计依据，反映高校对接国家和区域重大战略，服务重大战略需求的能力和成效。

六是国际学生比例，指来华攻读学位的留学生在校生人数占当年在校生总数的比例，反映学校的国际化水平和国际声誉。

七是“双一流”专项资金收入总额，指自然年度高校实际收到的“双一流”建设经费总额，包括中央专项、地方投入、学校自筹、社会捐赠及其他来源经费，综合反映大学建立健全“双一流”建设资源募集机制和社会参与机制情况。

八是“双一流”建设自筹资金比例，指年度“双一流”建设实际支出中扣除各级财政资金以外的金额占“双一流”建设实际支出总额的比例，反映高校建立政府、社会、学校等相结合的多元化筹资渠道情况。

九是“双一流”专项资金执行率，指“双一流”专项资金实际支出金额占预算支出金额的比例，反映“双一流”建设计划执行情况。

十是生均教育教学经费，指平均每位在校生获得的教育教学经费份额，衡量大学对教育教学的重视程度和投入情况，以及是否落实建设方案“聚焦一流学科，聚焦学生培养”。

十一是治理能力和治理创新，指从高校治理角度对高校改革任务的完成情况进行评价，包括领导体制、治理结构、管理体系和组织架构，等等。

十二是制度机制创新，衡量高校综合改革成效，即是否在学校整体建设和学科建设统筹、体制机制障碍破除、科研制度、绩效管理、人事制度改革等关键环节实现突破，加快中国特色现代大学制度建设。

十三是教育教学管理体系，从高校招生、学生培养、教学质量、教学资源管理等管理体系的健全性和有效性等方面进行评价。

十四是教学辅助体系，指教务、后勤、安保、财务、资产、信息技术等管理系统为教学、科研服务的效率和效果。

十五是“双一流”专项资金使用规范率，从高校专项资金使用合规性方面进行评价，反映高校是否严格按照国家财经法规及专项资金管理办法等支出和使用专项资金。

十六是教师及其他员工满意度，反映教职工士气以及对工作的整体满意程度，是高校治理和内部管理的“晴雨表”。赢得人才方能赢得发展，只有教职工对工作环境和氛围相对满意，在各自岗位全力投入，学校的战略发展目标才能实现。

十七是高影响力教师数量，指学科带头人，获批国家社会科学基金、自然科学基金、科技部等审批立项的重大、重点项目主持人，担任学术团体、国内外重要期刊负责人，在学术性或专业性国际组织任职主要负责人，担任国际重大比赛评委、裁判，获得国内外重要奖项等教师的数量。

十八是博士学位青年教师比例，指拥有博士学位的 45 岁及以下专职教师数量占专职教师总数的比例，反映大学拥有优质教师资源的情况以及赢得未来发展的潜力。

十九是培育具有创新精神的大学文化，即大学是否鼓励学生教师员工在自身领域持续改善、创造卓越，并为其提供资源；是否鼓励创新，并建立容错机制；是否为教学、科研做好服务，创造宽松的教研环境和自由的学术氛围；是否真正践行求真务实、开放包容的治学态度等。

二十是提出改进建议的数量以及建议被采纳的数量，该指标旨在评估大学与其教职工目标的契合度。提出的改进建议数量反映了教职工在参与大学治理改进方面的积极性和授权程度；而建议被采纳的数量不仅评估了这些建议的实质性，也向教职工展示了大学对于开放沟通和重视员工意见的承诺。

（4）绩效评价指标权重的确定

在此，在参考经验数据的基础上，结合问卷调查的结果以确定各绩效评价指标所占权重。关于平衡计分卡应该有多少指标，不同层面的指标数量及权重如何分布，卡普兰和诺顿建议平衡计分卡的指标数量为 20～25 个，分布如下：5 个财务指标，占整体比重约为 22%；5 个客户指标，占整体比重约为 22%；8～10 个内部流程指标，占整体比重约为 34%；5 个学习与成长指标，占整体比重约为 22%。上述指标分布情况通过一次实践研究在 22 家成功实施平衡计分卡的组织中得到了检验（卡普兰和诺顿，2017）。可见，每个层面的指标数量与所占权重基本均衡。本书在四个层面选取的指标数量分别是客户层面 6 个，财务层面 4 个，内部流程层面 5 个，学习与成长层面 5 个，所以四个层面分别占总权重的 30%、20%、25% 和 25%。各层面内部指标的权重通过问卷请被访者根据指标的重要程度两两比较进行打分（见表 3－2）。

表 3－2　调查问卷打分说明

分数	因素比因素
1	两因素比较，前一个因素比后一个因素极端重要
3	两因素比较，前一个因素比后一个因素明显重要
5	两因素比较，具有相同的重要性

续表

分数	因素比因素
7	两因素比较，后一个因素比前一个因素明显重要
9	两因素比较，后一个因素比前一个因素极端重要
2、4、6、8	两相邻判断的中间值

根据问卷调查结果，采用层次分析法来确定各层面内部指标的具体权重。根据已经建立的绩效评价指标体系模型，通过比较影响同一准则的各因素之间的重要性，构造比较判断矩阵。假定准则 X_m 与下一层次中的因素 Y_1，Y_2，Y_3，…，Y_n 有关，那么构造的判断矩阵如表3－3所示。

表3－3　判断矩阵模型

X_m	Y_1	Y_2	…	Y_n
Y_1	Y_{11}	Y_{12}	…	Y_{1n}
Y_2	Y_{21}	Y_{22}	…	Y_{2n}
…	…	…	…	…
Y_n	Y_{n1}	Y_{n2}	…	Y_{nn}

其中，Y_{ij}是对于 X_m 来说，Y_i 对于 Y_j 的相对重要性。本章采用“1～5标度法”（见表3－4）反映相对重要性的大小，计算矩阵的最大特征根和相应的排序向量，并进行一致性检验。矩阵满足：$Y_{ij}>0$；$Y_{ii}=1$；$Y_{ji}=1/Y_{ij}$（i，j＝1，2，3，…，n）。问卷发放对象是高校教师、在高校从事财务管理、教学管理等工作的专业人员，获取关于对绩效评价指标影响程度的专家意见。本次调查共收回有效问卷112份，其中，来自高校财务管理专业人士52份，教研管理专业人士29份，教学管理专业人士11份，人事管理专业人士3份，其他管理专业人士17份。问卷内容以前文构建的“双一流”建设绩效评价指标为基础，将每个层面的指标进行两两比较，要求受访者根据重要性程度打分。由于指标重要性各不相同，为了减少人为因素影响，指标重要性的判定结合

受访者评分，采用取平均值的方法确定。

表3－4　　因素比较量化表

因素比因素	量化值
同等重要	1
明显重要	3
极端重要	5
两相邻判断的中间值	2，4

为了避免因受访者对评价指标理解不同，导致打分存在差异而造成的重大偏差，层次分析法要求对判断矩阵进行一致性检验（楚存坤等，2014）。首先定义一致性指标 CI，$CI=(\lambda_{max}-n)/(n-1)$。CI 的值越大，矩阵的一致性越差。将 CI 与平均随机一致性指标 RI 进行比较（见表3－5），判断矩阵的一致性是否可以接受。CI 与 RI 的比率称为检验系数 CR，当 $CR<0.1$ 时，矩阵的一致性可以接受。否则，矩阵的各项取值要重新判断，直到矩阵的检验系数 $CR<0.1$。通过 SPSSAU 软件计算权重和最大特征根，另外根据计算的指标权重值以及客户层面在整个指标体系中30%的权重，计算出各个指标的合成权重（见表3－6）。

表3－5　　平均随机一致性指标 RI 标准值

n阶	1	2	3	4	5	6	7	8	9	10
RI值	0	0	0.52	0.89	1.12	1.26	1.36	1.41	1.46	1.49

表3－6　　客户层面指标权重判断矩阵及合成权重

指标	A1	A2	A3	A4	A5	A6	权重值（%）	合成权重（%）
A1	1	1	1	1	1	5	19.42	5.83
A2	1	1	1	1	1	5	19.42	5.83
A3	1	1	1	1	1	5	19.42	5.83
A4	1	1	1	1	1	3	18.02	5.40
A5	1	1	1	1	1	5	19.42	5.83
A6	1/5	1/5	1/5	1/3	1/5	1	4.30	1.28

注：$\lambda_{max}=6.029$；$CI=0.006$；$CR=0.005<0.1$，具有一致性。

同理，分别计算出财务层面、内部流程层面和学习与成长层面各个指标权重的判断矩阵及合成权重，如表3－7至表3－9所示。

表3－7　　　　财务层面指标权重判断矩阵及合成权重

指标	B1	B2	B3	B4	权重值（%）	合成权重（%）
B1	1	1	1	1	25	5
B2	1	1	1	1	25	5
B3	1	1	1	1	25	5
B4	1	1	1	1	25	5

注：$\lambda_{max}=4.000$；CI＝0.000；CR＝0.000＜0.1，具有一致性。

表3－8　　　　内部流程层面指标权重判断矩阵及合成权重

指标	C1	C2	C3	C4	C5	权重值（%）	合成权重（%）
C1	1	1	1	1	1	20	5
C2	1	1	1	1	1	20	5
C3	1	1	1	1	1	20	5
C4	1	1	1	1	1	20	5
C5	1	1	1	1	1	20	5

注：λmax＝5.000；CI＝0.000；CR＝0.000＜0.1，具有一致性。

表3－9　　　　学习与成长层面指标权重判断矩阵及合成权重

指标	C1	C2	C3	C4	C5	权重值（%）	合成权重（%）
D1	1	1	1	1	1	19.47	4.87
D2	1	1	1	1	1	19.47	4.87
D3	1	1	1	1/3	1	16.40	4.10
D4	1	1	3	1	1	25.19	6.29
D5	1	1	1	1	1	19.47	4.87

注：$\lambda_{max}=5.151$；CI＝0.038；CR＝0.034＜0.1，具有一致性。

综上，基于平衡计分卡的高校“双一流”建设绩效评价指标权重如表3－10所示。

表3-10　基于平衡计分卡的高校“双一流”建设绩效评价指标权重

<table>
<tr><th colspan="2">评价指标</th><th>权重（%）</th><th colspan="2">评价指标</th><th>权重（%）</th></tr>
<tr><td rowspan="6">客户层面</td><td>毕业生满意度</td><td>5.83</td><td rowspan="5">内部流程层面</td><td>治理能力和治理创新</td><td>5</td></tr>
<tr><td>雇主评价</td><td>5.83</td><td>制度机制创新</td><td>5</td></tr>
<tr><td>标志性学术成果</td><td>5.83</td><td>教育教学管理体系</td><td>5</td></tr>
<tr><td>横向课题、技术转移与成果转化收益</td><td>5.40</td><td>教学辅助体系</td><td>5</td></tr>
<tr><td>重大政策咨询及建议采纳数、解决重大社会现实问题数</td><td>5.83</td><td>“双一流”专项资金使用规范率</td><td>5</td></tr>
<tr><td>国际学生比例</td><td>1.28</td><td rowspan="5">学习与成长层面</td><td>教师及其他员工满意度</td><td>4.87</td></tr>
<tr><td rowspan="4">财务层面</td><td>“双一流”专项资金收入总额</td><td>5</td><td>高影响力教师数量</td><td>4.87</td></tr>
<tr><td>“双一流”建设自筹资金比例</td><td>5</td><td>博士学位青年教师比例</td><td>4.10</td></tr>
<tr><td>“双一流”专项资金执行率</td><td>5</td><td>培育具有创新精神的大学文化</td><td>6.29</td></tr>
<tr><td>生均教育教学经费</td><td>5</td><td>教工提出改进建议的数量以及建议被采纳的数量</td><td>4.87</td></tr>
</table>

3.4.3　基于平衡计分卡的B大学“双一流”建设绩效评价

（1）B大学“双一流”建设绩效评价指标打分表设计

根据前文的研究结果，对B大学“双一流”建设绩效评价进行优化，可以得到其“双一流”建设绩效评价指标的打分表（见表3-11）。

表3-11　基于平衡计分卡的B大学“双一流”建设绩效评价指标打分表

<table>
<tr><th>指标类别</th><th>指标名称</th><th>分值（分）</th><th>权重（%）</th><th>得分</th></tr>
<tr><td rowspan="6">客户类</td><td>毕业生满意度</td><td></td><td>5.83</td><td></td></tr>
<tr><td>雇主评价</td><td></td><td>5.83</td><td></td></tr>
<tr><td>标志性学术成果</td><td></td><td>5.83</td><td></td></tr>
<tr><td>横向课题、技术转移与成果转化收益</td><td></td><td>5.40</td><td></td></tr>
<tr><td>重大政策咨询及建议采纳数、解决重大社会现实问题数</td><td></td><td>5.83</td><td></td></tr>
<tr><td>国际学生比例</td><td></td><td>1.28</td><td></td></tr>
</table>

续表

指标类别	指标名称	分值（分）	权重（%）	得分
财务类	“双一流”专项资金收入总额		5	
	“双一流”建设自筹资金比例		5	
	“双一流”专项资金执行率		5	
	生均教育教学经费		5	
内部流程类	治理能力和治理创新		5	
	制度机制创新		5	
	教育教学管理体系		5	
	教学辅助体系		5	
	“双一流”专项资金使用规范率		5	
学习与成长类	教师及其他员工满意度		4.87	
	高影响力教师数量		4.87	
	博士学位青年教师比例		4.10	
	培育具有创新精神的大学文化		6.29	
	教工提出改进建议的数量以及建议被采纳的数量		4.87	
合计				

（2）B大学“双一流”建设绩效评价优化

在表3－11的基础上，邀请了B大学财务处负责绩效评价的主要工作人员，主要是分管绩效评价工作的前后三任副处长及一位具体负责该业务的科长分别进行打分（百分制），然后取平均值，得到B大学“双一流”建设绩效评价得分（见表3－12）。

表3－12　　基于平衡计分卡的B大学“双一流”建设绩效评价得分

指标名称	分值（分）	分值（分）	分值（分）	分值（分）	平均得分（分）	权重（%）	实际得分
毕业生满意度	80	80	90	95	86.25	5.83	5.03
雇主评价	80	86	40	90	74	5.83	4.31
标志性学术成果	60	60	80	90	72.5	5.83	4.23

续表

指标名称	分值（分）	分值（分）	分值（分）	分值（分）	平均得分（分）	权重（%）	实际得分
横向课题、技术转移与成果转化收益	60	50	60	90	65	5.40	3.51
重大政策咨询及建议采纳数、解决重大社会现实问题数	50	80	50	90	67.5	5.83	3.94
国际学生比例	70	30	30	80	52.5	1.28	0.67
“双一流”专项资金收入总额	60	40	50	90	60	5	3.00
“双一流”建设自筹资金比例	50	60	30	80	55	5	2.75
“双一流”专项资金执行率	80	90	80	95	86.25	5	4.31
生均教育教学经费	60	70	85	90	76.25	5	3.81
治理能力和治理创新	60	60	70	90	70	5	3.50
制度机制创新	60	60	60	95	68.75	5	3.44
教育教学管理体系	80	50	70	90	72.5	5	3.63
教学辅助体系	80	60	30	90	65	5	3.25
“双一流”专项资金使用规范率	85	90	90	95	90	5	4.50
教师及其他员工满意度	80	80	90	90	85	4.87	4.14
高影响力教师数量	60	40	80	95	68.75	4.87	3.35
博士学位青年教师比例	85	50	70	95	75	4.10	3.08
培育具有创新精神的大学文化	60	60	40	90	62.5	6.29	3.93
教工提出改进建议的数量以及建议被采纳的数量	50	50	50	80	57.5	4.87	2.80
合计							71.17

从表 3－12 可以看出，B 大学的“双一流”建设绩效评价得分为 71.17 分，大致处于良好水平。基本上反映出 B 大学在“双一流”建设过程中取得的绩效，体现出指标及权重设置的合理性和科学性。但是实际使用中也存在着有待改进的地方，主要有以下几个方面：

一是打分者的主观判断会左右绩效评价的结果。一种情况是打分者对某些指标的实际情况可能不太理解，另一种情况是某些指标会影响打分者的工作绩效。例如，对于“雇主评价”这一指标，学校的就业管理部门可能会比财务部门的人员更为了解，但是就业部门对该指标打分的时候可能会出于自身工作岗位绩效的考虑，人为地调高得分。实践中更好的解决办法可能是由第三方调查机构根据实际调查结果对这类指标给出得分。

二是某些指标的设计还需要考虑得更全面。绩效评价的指标不仅要考虑量的方面，还需要考虑质的方面，典型的如“国际学生比例”这一指标是否单纯得越多越好呢？是否来自欧美发达国家的国际学生比来自发展中国家的学生就更好呢？这都需要进行更进一步的分析和研究。

三是指标打分的来源还需更为客观。可利用分类分层次的理念对指标进行划分，按目前的情况，可以初步划分为以下几类：第一类是可以利用大数据技术获得的指标；第二类是可以利用学校的信息系统获得的指标；第三类是可以通过第三方机构的调查获得的指标；第四类是只能通过主观经验打分得到的指标。

（3）B大学所做的与“双一流”建设绩效相关的评价工作

目前，B大学对于“双一流”建设方面的评价包括两方面独立的评价。

①由财务处负责的对省财政拨付的“双一流”建设经费进行的绩效评价。该绩效评价工作是依常规而做的省财政专项资金绩效评价，其仅是对“教育发展专项资金”项目的整体评价，而并非是对“双一流”建设绩效的评价。

财政专项资金的绩效评价主要是以省财政厅要求的表格和报告形式来呈现，表格中主要有三个一级指标（产出、效益和满意度），四个二级指标（数量、社会效益、可持续影响、服务对象满意度），三级指标是学校申报专项资金时填写的具体的针对项目的细指标。

②由发展规划处负责的“双一流”建设评价。该评价的范围是全校的“双一流”建设项目，但只是对“双一流”建设的进展作评价。其采用的指标是根据教育部一流学科建设监测表格而做的“双一流”建设监测表。主要的监测项目包括学科建设进展、培养拔尖创新人才、

建设一流师资队伍、提升科学研究水平、社会服务五个方面。监测要素包括建设进展、教书育人、培养过程、毕业就业、国际交流合作、师德师风建设、专任教师队伍、师资队伍国际水平、科学研究与实践创新、科研平台建设、国际影响力、成果转化、智库建设、服务社会等方面。核心监测点主要包括以下方面：学科建设目标的进展情况写实；本学科的建设经费数额；导师责任落实情况写实；实验室和科研团队等党建情况写实；国家级教学成果奖数；硕士导师数和博士导师数；给本科生上课的正教授人数；本硕博学生（含留学生）国内外竞赛获奖项目清单；本硕博学生（含留学生）以第一作者/通讯作者发表的代表性论文清单；学科领域突出贡献者清单；来本学科攻读学位的留学生（本/硕/博）、博士后及交流学者人数；本硕博学生（含留学生）参加本领域重要国际学术会议并作报告人员清单；师德师风建设情况写实；本学科主要方向学科带头人和中青年学术骨干清单；本学科教师主持重大和重点项目清单；外籍专任教师数；教师担任国内外重要期刊主编和副主编及编委人员清单；教师在国际组织任职主要负责人的人员清单；教师参加本领域重要国际学术会议并作报告的人员清单；教师担任国际比赛评委和裁判人员清单；获得的国家三大奖数及清单；教师获得的国内外重要奖项清单；教师公开出版的专著清单；教师以第一作者/通讯作者在国内外重要期刊发表的代表性论文清单；承担国内外重大设计与展演任务清单；主持的国家重点重大项目清单；纵向和横向到校科研经费数；主办的国内外学术期刊清单；参与国内外标准制定项目清单；成果转化和咨询服务到校金额；新型智库建设与咨政研究情况写实；科教协同育人情况写实；服务国家战略性新兴产业和重大区域发展规划及重大工程重大科学创新关键技术突破等标志性成果写实。

3.4.4 小结

总体而言，B 大学校内各部门对于绩效评价重视程度不足。对外来说，目前学校还只是按照 B 省财政厅的要求执行绩效评价，整体工作形式性和应付性特征明显，没有真正达到绩效评价原本设定的目的；对内来说，目前学校在内部管理上，也仅能做到将项目预算执行进度情况运用到下年度绩效编制中，简单地以预算执行情况来调整下年度预算安排，并没能做到以项目绩效评价结果来调整预算安排。

针对“双一流”建设而言，中央和省财政厅给予 B 大学的“双一流”建设经费在项目上有适当单列，但从实际使用绩效来看，无法将该项目的绩效单独提取出来，主要原因有以下方面：

一是从经费使用对象来看。高校的“双一流”建设经费主要用于学科建设和人才培养，这方面的产出并非一日之功，而是高校长年累月各项投入的综合产出。“十年树木，百年树人”，当年的学科建设成效和人才培养产出，肯定不是当年投入的经费所得到的。因此，很难将“双一流”建设的绩效进行单独评价。

二是从项目投入来看。B 省财政拨给 B 大学的“双一流”建设经费是包含在教育发展专项资金中的，省财政要求对整个教育发展专项资金作绩效评价，并且资金是统筹使用的，因此，在实际中亦很难将这一块的“双一流”经费绩效剥离出来单独进行评价。并且从 2021 年开始，B 省要求 B 大学实行全口径绩效评价。该评价需要将本年的全部支出在年初纳入预算，并作预算编制，其中就包括学校的自有资金等，而所有纳入年初预算经费的都要作绩效评价，这样就更难以单独对“双一流”建设资金进行绩效评价。

所以，本章基于平衡计分卡视角的省属高校“双一流”建设绩效评价是对整个高校发展情况进行的综合四维度评价，比 B 大学目前所开展的形式性、应付性的绩效评价要更具科学性和合理性。

第4章 C公立医院薪酬改革探索案例

4.1 研究背景

事业单位工资制度在规范收入分配秩序、稳定队伍、调动积极性方面发挥了重要作用。按照事业单位分类改革的要求，随着公立医院改革的深入推进，建立符合医疗行业特点的、以反映医务人员劳动价值为导向的、体现公益性的分配制度已经势在必行。新医改自 2009 年启动至今，取得了基本医疗保基本、广覆盖的全面胜利。通过挤压流通领域水分，开前门、堵后门，很大程度上缓解了医保基金的压力，控制了医疗费用的无序上涨，公立医院公益性质的逐步回归让广大群众有了更多的获得感。如何打通公立医院改革的“最后一公里”，抓住医改成败的关键，充分调动医务人员的积极性、主动性，提高群众的获得感，是公立医院改革的主要目标。

执行国家公立医院改革、收入分配制度改革决策部署，推进以医院战略目标为导向的薪酬改革，是建立现代医院管理制度的要求。针对当前公立医院薪酬体系所面临的挑战和缺陷，本章旨在构建一个宏观调控有力、以提升公共服务质量为目标的薪酬体系，该体系将从职务等级工资制逐步转型为岗位绩效工资制，并不断完善综合绩效考核机制。通过设定绩效分配的关键要素，合理拉开收入差距，明确考核标准，激励内部竞争，建立既能留住人才又能吸引人才的激励和约束机制，这对于激发公立医院的创新活力和提高员工的工作热情具有重大意义。

本章将通过分析 C 医院的薪酬制度改革案例，探讨建立一个符合医疗行业特性的薪酬体系，旨在实现多劳多得、优劳优得的薪酬激励制度，引导公立医院重视内部管理和资源优化，持续提升医疗服务品质，增强医学科技的创新力和医院的核心竞争力，确保公立医院在竞争激烈的医疗市场中保持竞争力和可持续发展。

4.2 C 医院情况

C 医院为专科医院，是省卫健委直属的公益二类事业单位。医院自 2017 年开始运营，薪酬结构为基本工资 + 绩效工资。绩效标准考虑各个岗位的工作职责、工作量、风险程度、是否承担管理责任等因素后确定，考核后分配。薪酬结构中固定部分/浮动部分的比例在 60%/40% 左右。月度绩效考核主要采用 KPI 关键指标法，围绕“医疗安全与质量、成本控制、岗位负荷与风险”进行考核指标的设计，具体指标包括医疗安全与质量、门诊人次、出院人次、手术台次、成本控制及病种管理等。

2018 年，医院作为综合改革试点单位，启动政府购买服务、病种付费、价格以及人事薪酬改革。医院与省卫健委签订了《购买服务协议》，约定了购买服务内容及指标，包括门诊人次、住院人次、手术台次、基层帮扶、人才培养、满意度、医疗质量、药占比、耗占比及平均住院日等指标，每年进行绩效考核，考核结果与资金拨付挂钩。医院开展了高值耗材带量议价，按照结余留用、超支不补的总体思路开展疾病诊断相关分组（Diagnosis Related Groups，以下简称 DRGs）付费改革。在这一阶段，薪酬管理的主要目标是稳定队伍、吸引人才。事实证明，岗位绩效占比较高、工作量绩效占比较低的薪酬政策在医院运营初期确实起到了稳定队伍的作用。但是随着医院业务的增长，在绩效工资中按月考核的工作量绩效占比较低，占比较高的岗位绩效考核周期太长，考核指标（德、能、勤、绩、廉）中的“绩”并未完全反映岗位职责、岗位工作量和岗位风险。随着采购改革、支付改革的逐渐深入，医护人员对改革的认识、配合度、主观能动性成为改革成败的关键因素。医院班子审时度势、相机而动，适时拉开了薪酬改革的序幕。

4.3 C 医院薪酬改革实践

4.3.1 改革目标

按照“允许医院突破现行事业单位工资调控水平，允许医疗服务收入扣除成本并按规定提取各项基金后主要用于人员奖励”的要求，探索建立符合医疗行业特点，符合医院发展实际的薪酬改革方案。该方案充分反映医院的公益性质、着力体现医务人员知识、技术、劳务价值，向临床一线、关键岗位倾斜；围绕改革目标任务，体现学科定位和发展目标；与人事改革衔接，体现岗位管理，医护分开；体现医院公益性，充分调动医务人员积极性，提高医务人员的获得感。

4.3.2 组织机构

成立薪酬管理委员会，全面负责医院薪酬管理、绩效考核工作，下设薪酬管理办公室在财务部、考核办公室在人力资源部。

（1）薪酬管理委员会

薪酬管理委员会的主要职责是：确定医院年度薪酬总量，提交院长办公会、党委会、职代会审议；对职工薪酬、福利、绩效分配方案进行讨论，提交院长办公会、党委会、职代会审议；组织、领导医院薪酬改革工作；领导医院绩效考核工作；定期听取薪酬管理办公室专题汇报。

（2）薪酬管理办公室

对医院薪酬、福利草案进行测算，提交薪酬管理委员会讨论；编制绩效考核草案，提交薪酬管理委员会讨论；根据绩效考核结果，进行院级绩效分配，指导科室二次分配；建立医院职工薪酬档案；定期向薪酬管理委员会汇报工作。

（3）科室薪酬管理小组

科室薪酬管理小组由科主任、护士长、医师组长、技师组长、副高级职称及以上人员、科室职工代表组成，负责制订科室二次分配方案，实施科室二次分配。

4.3.3 岗位设置

由医院考核领导小组组织、人力资源部牵头，根据医院医药护技、行政保障各个专业特点，医政医管部门发布的人床比、省内三甲医院人力资源配置情况，梳理全院所有岗位，评估岗位负重和风险，核定医院岗位数。

临床医技每个科室设置1名科主任、1名护士长；外科根据床位数1∶0.2～0.3配置医师岗位（科主任除外），其中，医师组长1人、二线医生2人、一线医生5～7人、科务秘书1人，按照1∶0.45配置护理岗位。

内科按照1∶0.2～0.3配置医师岗位（科主任除外），其中，医师组长1名、二线医生2名、一线医生5～7人，根据1∶0.4配置护理岗位。心衰病区考虑到患者的危重程度，根据1∶0.35配置医师岗，1∶0.6配置护理岗；VIP病区根据1∶0.7配置护理岗。

在核定的护床比范围内，所有护理岗位交由护理部垂直管理。护理部根据护理能级 N0 ~ N4 确定每个病区护理团队的构成。相应的，月度护理绩效一次分配后，由护理部进行岗位考核，指导各个科室护理团队进行分配。

4.3.4 岗位评价

由人力资源部牵头、医务部配合，组织专家开展医药护技行政后勤人员岗位评价。专家组成员应包括心外科、心内科、重症医学、医务管理、人力资源、行政管理专家，评价指标包括职称、学历、岗位描述三个部分，满分 100 分，见表 4 – 1。

表 4 – 1 关键岗位评价表

一级指标	二级指标	分值	科主任	护士长	医师组长
职称	正高	10			
	副高	8			
	中级	5			
学历	博士	10			
	硕士	8			
	本科	5			
岗位描述	岗位职责	25			
	岗位风险	25			
	知识技能	15			
	沟通协调	15			
得分					
管理绩效标准					

（1）调整薪酬结构

新的薪酬结构为工资 + 岗位绩效 + 运营绩效。原薪酬结构调整至新的结构分两步走：

①第一步，调整绩效工资。绩效工资构成为岗位绩效 + 运营绩效。岗位绩效根据岗位评价确定的标准执行，运营绩效反映科室工作量、风

险、难度、工作效率、病种管理、成本控制、医疗安全与质量等。年度综合考核包括行政责任目标、党风廉政责任目标、党建责任目标考核，年度履职考核，医德医风考核。

②第二步，调整工资。工资调整目标为：编内人员根据事业单位工资标准核定的岗位工资、薪级工资、基础性绩效、改革性补贴及奖励性补贴作为档案工资予以封存，根据每年的工资政策定级升薪。医院重新制定工资标准，编内与编外人员均按照岗位工资发放。

（2）协议工资和项目工资

针对为开展某个项目、推进某项工作而外聘的人员实行协议工资、项目工资制。与外聘人员签订聘用协议，协议约定岗位职责、薪酬待遇。项目工资与协议工资原则上应不低于同类同级人员的薪酬待遇。

4.3.5 各科室绩效

（1）临床科室绩效

C 医院作为专科医院，不同片区其医疗流程、诊疗特点不同：外科手术时间较长、难度较高，平均住院日为 13.5 天，费用控制难度大；内科病人量大、周转快，平均住院日为 5 天，费用控制难度较外科小。基于以上专科特点，如果单纯从效率的角度考虑，外科无论是患者人数、周转、平均住院日、运营效率都不如内科；从风险的角度看，外科收治的患者较重，手术时间长、手术难度高、承担的风险大；从病种管理的角度看，外科平均住院费用高于内科，支付结算标准未能充分反映难度和风险，控费难度大，病种结余不如内科。另外，成人恢复室、小儿恢复室、内科 ICU 作为平台科室，其主要任务是做好内外科术后恢复、危重病人的收治，医护人员的排班情况都与病区不同，不能单纯以经济效益、工作量进行考量。在同样的床日水平下，恢复室工作负荷普遍高于普通病区。另外，手术室、麻醉科、介入导管室、体外循环科作为手术平台，排班情况、工作时间、风险也与临床科室有非常大的不同。所以，医院在设计分配方案时，本着既要体现效益、效率、改革、控费，又要体现难度、风险的原则进行统筹考虑。

在医院薪酬领导小组的指导下，薪酬管理办公室提出了绩效改革方案：

临床科室绩效 =（门诊人次 × 绩点 + 手术台次 × 绩点 + DRG 总量 × 绩点 + 病种结余 − 科室可控成本）× 分配比例 × 考核分数 + 单项奖惩

其中：

门诊人次根据普通门诊、专家门诊、特需门诊确定不同绩点；

手术台次根据手术分级确定不同绩点：一级、二级手术设定一个绩点水平，三级及以上手术设置不同的绩点水平。通过绩点梯度体现手术难度。

DRG 总量主要包括每一个出院病例的费用指数、时间指数、消耗指数、难度系数等，能够充分地体现工作负荷、风险、难度、收治病种的宽度。

科室成本根据发展情况逐步调整：对于刚刚起步、运营时间较短的科室，科室成本可以仅仅考虑可控成本，包括人员工资、药品、耗材、固定资产折旧、无形资产摊销、其他费用；对于运营时间较长、超过一年的科室，应加上管理费用摊销，并逐步过渡到科室全成本。

结合 C 医院医保支付改革的要求，病种结余反映控费成果，以病案首页第一诊断、手术操作比照省市医保的 DRGs 分组规则预估入组情况，测算科室病种结余，再根据绩效分配比例进行病种结余的分配。

（2）平台科室绩效

平台科室包括成人恢复室、小儿恢复室、内科 ICU、手术室、麻醉科、体外循环科、介入导管室。

①手术室、介入导管室。

手术室绩效 =（手术台次 × 手术绩点 + 病种结余 − 科室成本）× 分

配比例 + 单项奖惩

手术绩点的设置与临床科室一致，病种结余部分，手术室和介入导管室分别依据各自承担的外科手术和内科手术病例的病种结余分别计算。

②麻醉科。

麻醉科绩效 =（麻醉台次 × 麻醉绩点 + 病种结余 – 科室成本）× 分配比例 + 单项奖惩

病种结余同样按照麻醉科参与的每一个麻醉病例进行计算。

③体外循环科。

体外循环科 =（体外循环台次 × 绩点 + 病种结余 – 科室成本）× 分配比例 + 单项奖惩

病种结余的计算按照体外循环科参与的每一个病例进行计算。

④恢复室。

恢复室 =（DRG 总量 × 绩点 + 病种结余 – 科室成本）× 分配比例 × 考核分数 + 单项奖惩

病种结余按照恢复室参与过的病例进行计算。

（3）医技科室绩效

医技科室包括超声、影像、检验、心电图、病理、核医学、输血等。医技科室为临床科室提供影像、检验诊断、用血安全等保障，其具有设备投入高、固定资产折旧高、风险和难度相对临床较低、运营效益显著的特点。如果以经济效益衡量，医技平台的绩效会高于其他科室，所以不能采用单一指标衡量。

医技科室绩效 =（RBRVS 点数 × 点单价 + 病种结余 – 科室成本）× 分配比例 × 考核分数 + 单项奖惩

（4）行政后勤科室绩效

行政后勤科室绩效 = 临床医技平均数 × 科室系数 × 岗位系数 × 考核分数 + 单项奖惩

科室系数由医院薪酬领导小组组织专家评估确定，岗位系数根据岗位评价结果执行。

（5）医师组绩效

在绩效分配中，如果仅仅以科室为单元进行分配简单明了，也能够体现科主任负责制，反映科室管理和运营的全貌，但是每个科室人力资源配置并不是标准化状态，人员层次也参差不齐，病种支付标准、运营效率也不同。经过 3 年的院科两级分配，医院薪酬领导小组提出了新的院—医师组—护理组的分配管理要求。

第一，对全院医生岗位进行梳理，总体分为科主任、一线医师、二线医师、三线医师四大类。科室主任承担科室医、教、研、行政管理责任；三线医师由副高级及以上医师担任，主要承担本医疗组总体质量控制职责；二线医师也就是主治医师，主要职责是查房、对病人进行全过程治疗；一线医师就是住院医师，主要工作是收治病人、写病程记录、在上级医师的带领下参与病人的治疗，等等。从风险角度评估，手术医师、三级医师承担风险高；二线医师风险次之，但是工作负荷大；一线医师主要在上级医师的带领和指导下开展工作，风险和工作量低于二级医师。在绩效分配时，要充分考虑不同层级医师的工作负荷、风险以及难度。

第二，根据岗位评价结果确定一线医师、二线医师、三线医师的岗位系数，初步确定三类岗位之间的级差关系。

第三，按照以上方法计算科室绩效。将科室绩效按照科室医护比计算出医疗组绩效、护理组绩效。最后将各个科室一线医师、二线医师、三线医师进行纵向比较，对内部公平性进行评估，避免非正常原因出现奇异值，确保内部分配的公平性。

医师组绩效 = 科室绩效 × 医护比 = 科室绩效 − 护理组绩效

医师个人绩效根据经过科室科务公开讨论通过后的二次分配方案进行分配，见表 4－2。

表 4-2　　医师岗位评价表

科室	恢复室			麻醉科			体外循环科			病房			备注
岗位名称	一线医师	二线医师	三线医师	一线医师	二线医师	三线医师	一线医师	二线医师	三线医师	一线医师	二线医师	三线医师	
工作内容													
岗位评价													
岗位职责													
岗位风险													
知识技能													
沟通协调													

（6）护理垂直分配

护理垂直管理是根据国家卫生健康委关于加强护理质量与安全管理的要求建立的护理管理体系。其主要内容是全院所有护理岗位由护理部统一设置、统一管理、统一调配；护理部参与护理岗位的人员招聘、选拔、教学、职称评定、评先评优等；建立护理部、病区护士长、护士三级质量控制体系；在医院整体薪酬体系框架下，薪酬管理办公室根据医院护理垂直管理的要求提出护理垂直分配方案，护理部再结合护理能级系数、排班情况、工作负荷、岗位风险对分配方案进行分析细化，对全院护理岗位薪酬进行设计、考核与分配。

C 医院护理部设置在医疗业务部下，全院护理人员由护理部统一管理。第一，建立了护理部、病区护士长、护士三级质控体系，护理部对护理岗位的绩效考核与分配提出指导意见，包括护理能级，每个能级的系数，白、夜、下、休等护理岗位排班，单项奖惩等总体要求；再由病区主任、护士长根据护理部的要求开展科室护理管理，将护理部制定的护理岗位能级、岗位系数、单项奖惩等纳入科室的二次分配方案。随着医院的发展，不同专业的发展出现了差距，心内科、心外科、手术室、麻醉科、体外循环科、成人恢复室、小儿恢复室、内科 ICU、医技部门等的发展、人员规模、经济效益各不相同。同样的病区护理岗位，其工作内容、排班情况、风险程度、岗位要求基本一致，但是各个病区之间效益差异较大，同一岗位不同科室的护理人员绩效水平有较大的差异。有的科室效益好，护理的绩效水平甚至超过了效益处于中等水平或者需要政策性扶持的科室医师的绩效，这样的不平衡影响了部分医师的积极性。第二，C 医院为公立医院改革试点医院，医保支付方式改革深刻地改变着医院的运营、医生的行为模式、医院的管理策略、薪酬水平、绩效分配方式。DRGs 结算标准是由各级医保机构根据分管范围内所有医疗机构的患者就医的历史数据进行汇总、分析、评估，再结合医保基金的支付能力而确定的。医保机构对医疗机构实施超支不补、结余留用的结算政策，目的是转变医疗行为、充分调动临床医师控费的积极性，将医疗费用的逐年增长控制在合理水平上，实现医保基金可支付、患者负担减轻、医师价值有体现三方共赢的局面。这就带来一个问题：不同的病种控费空间不同，有的病种有一定结余，有的病种成本倒挂，无论医师如何控费，结算标准都无法覆盖医疗成本，政策的不平衡加大了科室绩效水平的差异。第三，在护理团队内部人力资源配置、人员层次、工作量相当的情况下，恢复室护理人员的绩效应该在第一系列，手术室、体外循环科、介入导管室在第二系列，普通病房的在第三系列，但是以科室为绩效管理单元的分配使部分效益较好的普通临床科室护理绩效超过了工作负荷较大的恢复室。科室与科室之间、护理的相同岗位之间绩效水平差异大，各科室不患寡而患不均的想法普遍存在。以上种种因素交织会影响护理队伍的稳定性，将医院护理团队绩效进行整体考虑、统筹管理，一方面有利于护理部统一管理，另一方面能够根据岗位负荷、排班情况调整绩效水平。

护理垂直管理模式下的绩效分配改革是改变以上局面的有效策略：通过对全院所有护理岗位的梳理、确定每个科室护理标准配置、赋予每个岗位不同的岗位系数，对高风险科室的护理岗位通过科室系数来体现。为了做好护理垂直分配的改革，确保改革前后绩效政策和绩效水平的相对稳定，财务部、人力资源部、医务部、护理部一起协同开展测算。

第一，将近一年各个临床科室的绩效分配历史数据进行整理，主要内容包括每个科室的开放床位、医护比、医师岗位标准配置、各个医师岗位的系数、不同岗位的医师平均绩效、护理岗位的标准配置、不同岗位的护理平均绩效等，作为测算参考，见表4-3。

表4-3　　垂直分配测算表

科室	开放床位	科室系数	核定的岗位数	上一年科室绩效平均数	上一年平均医护比	医师岗位	岗位系数	月平均数	护理岗位	月平均数
心外科						三线	3		N4	
						二线	2		N3	
						一线	1		N2	
						代教	0.5		N1	
						冗余			N0	
						小计			小计	
心内科										
ICU										
SICU										
PICU										
手术室										

续表

科室	开放床位	科室系数	核定的岗位数	上一年科室绩效平均数	上一年平均医护比	医师岗位	岗位系数	月平均数	护理岗位	月平均数
介入导管室										
……										

第二，护理部提出全院各个护理岗位的能级，赋予每个能级一个岗位系数，计算每个科室护理组的能级系数和。

第三，计算护理组绩效。根据已经计算出的科室绩效减去医师组绩效后得出护理组绩效。护理组绩效除以护理能级系数和就得出每一个能级的绩效水平、最低能级至最高能级的护理绩效、平均绩效。

第四，将各个科室护理组绩效进行对比，例如：以外科护理组系数为1，其他科室护理组与之相比较，得出比重关系。按照重症、急诊、普通病区、门诊及体检的需求，调整比重关系，并据此调整各病区的医护比例。

第五，由护理部提出护理二次分配指导意见，包括对护理排班情况、工作负荷、难度和系数进行详细测算，各个病区根据护理部指导意见进行分配。

全院护理绩效 = 科室绩效 - 医师组绩效 = 护理小时数 × 绩点。护理小时数通过 HIS 系统提取，护理工作中不能收费的部分，包括药疗护士、主管护士，按照工作小时数进行折算。

护理岗位个人绩效 = 护理部一次分配部分（N0 ~ N4 职级） + 科室二次分配绩效 ± 单项奖惩。其中，一次分配部分由护理部根据岗位评价结果核定，见表4 - 4。

表 4-4　　护理岗位评价表

指标	指标明细	系数
工作年限	≥8 年	2.5
	6~8 年	2
	2~5 年	1.5
	1~2 年	1
	≤1 年（脱教）	0.7
	≤1 年（未脱教）	0
岗位能级	N4	2.5
	N3	2
	N2	1.5
	N1	1
	N0	0
工作负荷	恢复室夜班	2~2.5
	病房夜班	1.5
	白班	1

第六，各个医师组、护理组二次分配完毕后提交薪酬管理办公室、薪酬领导小组审核。审核要点包括：二次分配是否体现了一次分配导向，是否体现了效率优先、兼顾公平，是否体现了工作负荷、风险和难度，是否体现了多劳多得、优劳优得。

第七，收集各护理组关于垂直分配的意见和建议，持续优化，不断将垂直分配做得更精准，更符合病区实际，更好地发挥绩效的导向作用。

（7）其他临床医技科室绩效

急诊科作为医院非常重要的患者救治通道，绩效分配时应体现倾斜政策，医院采用的是临床科室分配与政策保底取高值的策略，保障急诊平台队伍的稳定性。

健康管理中心是 C 医院效益最好的科室之一，也是患者流量最大的科室，科室绩效 =（RBRVS 点数 × 点单价 – 科室成本）× 考核 + 单项奖惩，通过对点单价的调整确保内部的公平性。

（8）医辅科室绩效

医辅科室包括药学、物业管理、收费处等。其中：

药学绩效 =（处方点评数 × 绩点 + 处理处方数 × 绩点）× 考核分数 + 单项奖惩

收费处 =（门诊发票开票数 × 单价 + 急诊发票开票数 × 单价 + 预交金开票数 × 单价 + 出院发票开票数 × 单价）× 考核分数 + 单项奖惩

4.3.6 绩效考核

绩效考核采用平衡计分卡、关键指标及单项奖惩相结合的方式，以科室为单位进行，其中，护理组由护理部专门负责考核。

（1）科室月度绩效考核

月度绩效考核根据片区差异，设定不同的考核指标。其中，临床科室考核指标主要包括药占比、耗占比、预算执行、医疗安全与质量、患者满意度等。平台科室考核指标包括药占比、耗占比、医疗安全与质量、开台率、设备完好率、临床科室满意度等。医技科室考核指标包括医疗安全与质量、24 小时检查完成率、设备完好率、临床满意度等。见表 4 – 5 至表 4 – 7。

表 4 – 5　　临床科室绩效考核指标

考核维度	指标名称	权重	考核部门
财务维度	成本控制	计算	财务部
	药占比	10 分	
	耗占比	10 分	
	预算执行	年度考核	

续表

考核维度	指标名称	权重	考核部门
内部流程维度	医疗安全与质量	70 分	医务部、护理部
外部流程维度	患者满意度	10 分	医务部
学习与成长	单项奖励	年度考核	科研部

表 4－6　　平台科室绩效考核指标

考核维度	指标名称	权重	考核部门
财务维度	成本控制	计算	财务部
	药占比	5 分	
	耗占比	5 分	
内部流程维度	医疗安全与质量	60 分	医务部、护理部
	开台率 （手术、介入导管室）	10 分	
	设备完好率	10 分	
外部流程维度	临床满意度	10 分	医务部
学习与成长	单项奖励	年度考核	科研部

表 4－7　　医技科室绩效考核指标

考核维度	指标名称	权重	考核部门
财务维度	成本控制	计算	财务部
内部流程维度	医疗安全与质量	70 分	医务部、护理部
	24 小时检查完成率	10 分	
	设备完好率	10 分	
外部流程维度	临床满意度	10 分	医务部
学习与成长	单项奖励	年度考核	科研部

较为特殊的是行政职能后勤部门，它们缺乏可比性、工作量难以量化，但是又发挥着四两拨千斤的管理和保障职能。工作量、DRGs、RBRVS 都无法准确计量这个片区的工作质量和工作负荷。有的医院采

用360法进行考核，但是360法并没有针对各个履行不同职能的科室制定个性化的考核指标，“一刀切”的做法往往令考核流于形式，缺乏管理的刚性，同时，360法几乎都是定性指标，在考核时多是打印象分。所以，应该按照岗位管理的思路设计行政职能部门的绩效考核指标，最理想的方法是由各个行政职能科室根据科室职能定位、岗位设置制定本部门的绩效考核方案，提交薪酬领导小组审议通过后执行，见表4－8。

表 4－8　　行政职能部门绩效考核指标（财务部示例）

部门职责	工作内容	时间要求	权重	评分标准		考核人
				效率	质量	
会计核算	1. 按时报送会计报表	每月25日前完成	20分	未按时完成1次扣5分	1. 财务部职能履行不力，造成影响的，视影响程度，扣5～30分/次，科室负责人承担管理责任，每次500－全额扣除。 2. 提交分管院长审核的工作有差错，直接责任人扣300元/次，科主任承担管理责任，扣300元/次。 3. 收费满意度低于医院要求的，直接责任人（或有效投诉）视影响程度300－全额扣除；收费组长，承担管理责任，每次300－全额扣除；科室负责人300－全额扣除	分管院长
	2. 按时报送科室成本报表	每月25日前完成	20分			
	3. 按时报送各类报表	按照报送时间要求	20分			
全面预算	4. 按时报送预算	按照卫健委相关要求上报				
	5. 预算分解、下达	按照医院要求				
	6. 预算执行评价	按照医院要求				
合同管理	7. 采购监督、合同会审					
HRP	8. HRP建设					
医保管理	9. 按月出具重点监测病种管理分析报告	每月25日前完成	10分			
价格管理	10. 价格自查、收费项目维护、价格检查、新增收费价格申报					
绩效管理	11. 绩效考核、分配					
收费管理	12. 收费管理					
内部控制	13. 采购监督，按时报送内控报表		10分			
其他	14. 完成领导交办的其他工作	随时	20分			

（2）单项奖惩

单项奖惩的具体内容见表4－9和表4－10。年终考核的内容见表4－11。

表4－9　单项奖惩主要内容

指标值	考核	考核部门
十佳医师评选	执行院长办公会决议的奖励方案	
服务之星评选	执行院长办公会决议的奖励方案	
医疗安全与质量	医务部单项奖惩细则	
护理安全与质量	护理部单项奖惩细则	
临时任务奖励	执行绩效领导小组决议	
临床技能考核	按照医务部、护理部考核方案	医务部
门诊管理	门诊部考核方案	门诊部
丙级病案	医务部考核方案	医务部
医保扣款	从科室绩效扣除	财务部
医疗欠费	从科室绩效扣除，超过2万元的，可以分月扣除	
医疗纠纷	根据医院规定办理	医务部
岗位职责履行	工作差错，视严重程度，扣除1000～5000元绩效	院领导
科室考勤差错	扣除科室、科主任30%月度绩效	人力资源部
参加会议及培训	无故不参加会议及培训，视严重程度，扣除200～1000元绩效	党政综合办

表4－10　护理单项奖惩

指标值	考核	考核部门
劳动纪律	迟到，5分钟以内，扣50元/次；5～10分钟，扣100元/次；10～30分钟，扣除当天绩效；30分钟以上，视为旷工	护理部
	早退，扣300元/次	
	上班时间打私人电话超时（3分钟以上）、聊天、玩游戏、玩手机等，扣除当月绩效的50%	
	未经请假，擅离职守，扣除单月绩效的50%	
仪容仪表	未按照医院规定着装，扣100元/次	
满意度	有效投诉，扣除当月绩效100%	
护理安全与质量	根据护理部安全与质量考核细则，扣除20%～100%绩效	

表 4-11　　　　　　　　　　年终考核

考核内容	行政责任目标	党风廉政责任目标	党建责任目标	履职考核	医德医风考核	预算执行	单项奖励
权重	40%	30%	30%	优秀、合格、基本合格、不合格			
年终绩效				基本合格扣除年终绩效的 50%，不合格全额扣除		年终绩效×预算执行率	院长办公会决议的奖励方案

4.3.7　改革成效

经过几年的改革，医院在服务能力、医疗收入、资产规模上都有了显著提升，可喜的是控费成效显著，例均费用逐年下降，患者负担减轻，节约了医保资金，医院薪酬逐年增长（见表 4-12）。

表 4-12　　　　　　　　　　基本情况表

项目	本年/上一年
门诊人次	↑149%
出院人次	↑83%
手术台次	↑67%
医疗收入	↑62%
药占比	↓0.57
耗占比	↓3.89
诊疗收入占比	↑4.46
出院例均费用	↓8.7%

4.4 薪酬制度设计需要解决的核心问题

4.4.1 总量核定问题

自2011年起，国家针对事业单位绩效工资出台了总量调控政策。运行十多年来，基本上处于一管就死、不管就各行其是的状态。很多试点地区制定了总量控制政策，动态调整仅考虑了医院新进人员的情况，对于年与年之间医院工作量的增长、规模的增长、经济总量的增长没有考虑或者说考虑不充分。一线医务人员的绩效增幅远远小于工作量的增长，这在一定程度上影响了一线医务人员的积极性。

在核定医院绩效工资总量时，一是要认可公立医院是特殊事业单位的客观实际，其薪酬应高于社会平均薪酬水平3~5倍，高于事业单位平均薪酬水平，不再设置封顶线。

二是应提出科学的核定方式，充分体现两个允许："突破现行事业单位工资调控水平，医疗收入扣除成本并按规定提取基金后主要用于人员奖励"的薪酬改革方向。解决一管就死、不管就各行其是的问题。将医院绩效工资总量与公立医院绩效考核结合起来，将工作量、工作质量、主动控费、承担公益责任等与医院绩效总量关联起来，通过绩效考核这个杠杆对公立医院提高运行效率，提高医疗技术质量，提高患者和员工满意度，主动承担基本公共卫生服务、公共卫生事件救助任务、其他公益责任等结合起来，考核结果好的医院，要在绩效总量上有所体现，做得不好的医院直接在总量上进行扣减。

三是解决总量范围的问题。根据医疗行业特点、公立医院运营规律，建立了绩效工资总量管理机制。国内公立医院受人员编制的限制，存在多种用工形式，如编制内人员、编制外人员、劳务派遣人员、临时人员、返聘人员、技术性聘用人员，等等。国家仅对编制内人员出台了绩效工资管理政策，医院几乎一半左右的非编制内人员绩效工资未纳入总量控制，由医院自主发放。应考虑目前国内绝大多数公立医院多种用人方式的实际，将编制内和编制外人员薪酬均纳入工资总量管理，有利于医院统一管理，实现同岗同薪同待遇。

四是解决动态调整机制的问题。核定总量最关键的就是解决动态调整的问题，建议将两个允许量化：公立医院绩效工资总量 = 单位现行绩效工资总量 +（财政基本补助收入 + 政府购买服务收入 + 医疗收入 + 其他收入 − 与收入匹配的业务活动费用和单位管理费用 − 其他费用）×（1 − 各项基金提取比例）× 绩效考核分数。其中，绩效考核优秀的，收入扣除成本、提取基金后的部分可以自主用于奖励；绩效考核合格的，80% 用于奖励，绩效考核基本合格及不合格的，不允许用于奖励。

4.4.2 财政投入问题

取消药品、耗材加成后，国家制定了补偿机制：一部分通过加大财政投入，一部分通过调整医疗服务价格，一部分通过医院提高运营效率来消化。但是政府投入不可能一步到位，医疗服务价格调整还没有达到价格能够反映价值这个基本面的目标。在这样的情况下，政府投入按照编制内人员数量进行核定助长了医院同工不同酬的风气。最佳解决方案是转变政府投入方式，因人定补转变为因事定费、因事定补。采用政府购买服务的方式，由卫健部门与医院签订政府购买服务合同，合同约定购买服务内容、单价、数量、考核指标、考核方式，等等。财政根据医院提供的服务，包括门诊人次、急诊人次、体检人次、住院人次等，以单价 × 数量 × 考核决定投入，运营效率越高、质量越好、服务越优质的医院可以获得更多的政府投入，此举既解决了激励导向问题，又能够充分调动公立医院提高运营效率、提高医疗质量、提升服务感受的积极性。

4.4.3 预算控制问题

根据《公立医院全面预算管理制度实施办法》的要求，医院所有收支都要纳入预算管理，其中，人员经费预算一经批复不得调整。绩效工资作为人员经费中占比最大的部分，一方面要符合年度预算控制要求，另一方面不得突破核定的总量。这对医院的预算编制、绩效分配、薪酬制度的建立都是一个挑战。医院要持续推行薪酬改革工作就必须非常重视预算管理，将全面预算作为医院组织收入、控制成本的工具，作为薪酬改革政策制定的重要依据和决策参考。

4.4.4 薪酬结构问题

通过前面的分析不难看出国内医师薪酬结构较发达国家存在种类单一、保障不足、关注经济激励、不重视非经济手段的问题。在政府投入不足的情况下，医院的正常运转主要靠医院自己解决，管理层也只能将压力层层传导，薪酬保障不足、激励部分中变动部分占比较高，绩效考核主要通过工作量、经济指标来衡量，从这个角度来说，目前的薪酬结构是反映了中国国情的。但是医院是知识密集型、技术密集型行业，员工都是高级知识分子，除了有吸引力的薪酬外，他们还普遍具有价值实现的诉求，他们更为关注个人的发展机会、晋升通道是否顺畅、价值能否实现等。只有针对这些深层次的需求制订的薪酬方案才能够建立符合医疗行业特点的、可持续激励的制度体系，满足了那些潜藏在人性中最隐秘的渴望，也就激发了他们的小宇宙，爆发出惊人的力量。例如，可以通过薪酬结构、绩效考核方式的优化加大激励的力度，增加广大医务人员的获得感；对于核心骨干探索年薪制、协议工资制、项目工资制，丰富薪酬内涵；针对不同岗位制订个性化的职业晋升计划，明确每个节点的具体要求、薪酬待遇，为临床科室设计非常清晰的个人发展通道。经济手段激励短期内非常有效，但是达到一定水平以后，边际效应逐渐递减，而非经济手段激励则可以带来长久的、持续的发展动力，切切实实地增加获得感、满足自我实现的需要。目前，大幅提高医师薪酬中的固定部分而调低活动部分占比并不实际，但是针对核心骨干成员可以探索年薪制、协议工资制、项目工资制等方式。

4.4.5 规范津补贴问题

2010 年起，国家规范了事业单位津贴补贴，取消了很多单位自创的五花八门的津贴补贴项目。但是，由于国内医师薪酬中保障部分，即固定部分较低，对于刚刚参加工作的年轻医师，正处于人生中经济压力最大的阶段，由于执业能力有限，薪酬中活动的部分较少，执业风险又很高，在这样的情况下，难免会产生动摇或自我怀疑。建议将加班费、夜班费纳入津贴补贴，对医师岗位设置岗位津贴，纳入绩效工资统筹发放，作为医师岗位价值的一种补偿。

4.4.6 院长薪酬问题

国内很多试点地区、试点城市实行了院长年薪制，同时规定了院长薪酬与编制内职工平均薪酬的比例关系。院长年薪由财政投入，根据年度绩效考核结果兑现。结合薪酬结构的调整，建议院级领导、科室主任、引进人员均实行年薪制，年薪由基础年薪与绩效年薪构成。其中，基础年薪按照编制内职工薪酬平均数 × 系数进行核定，基础年薪至少占

60%，年度绩效考核合格的，可以兑现基础年薪，年度绩效考核优秀的，才能发放绩效年薪。基础年薪+绩效年薪不超过编内职工平均薪酬的2~4倍。

4.4.7 岗位评价问题

绩效要分得好，必须要弄清楚医院各级各类人员岗位特征，第一，将医院人员分为医、药、护、技、行政、后勤六大类。第二，每个大类又分为不同岗位，如医师岗位可以细分为一线医师、二线医师、三线医师等；护理可以赋予不同的护理能级；技师岗位可以细分为助理、中级技师、高级技师岗位；行政可以分为一级科员、二级科员、主任科员、科室主任等；后勤可以根据技术等级进行分级等。第三，梳理各个岗位的岗位描述、履职要求、岗位职责、工作负荷、岗位风险、承担的责任等，必要时组织医药护技、人力资源专家进行岗位价值评价，赋予各个岗位一个系数，利用系数指导医院分配，拉开医药护技的差距，真正体现负荷、难度、风险。

4.4.8 自主分配权问题

落实医院自主分配权的关键在于在核定的人员总量内如何落实由医院自主分配，人力资源和社会保障部门、卫健部门可出台相应的指导意见，对做得好的医院进行经验交流和推广，指导医院进行分配。例如，针对医院目前院科两级分配出台指导意见：对收支结余、DRG、RBRVS等绩效分配方法，以及平衡计分卡、KPI、360等绩效考核方法进行细化，出台指标解释和说明，提出指标运用建议，指导医院开展一次分配。由医院对照政策解读细化本单位的一次分配原则和方案，制定二次分配指导意见，指导科室二次分配。

4.4.9 激励导向问题

建立效率优先、兼顾公平的薪酬体系对于稳定队伍、调动积极性、增加广大医务工作者的获得感具有非常重大的意义。在政府投入无法一步到位的情况下，以经济指标为核心的绩效考核发挥着组织收入、刺激经济增长的作用，但是同时也刺激了逐利倾向。要发挥好绩效分配这个指挥棒的作用，要从以下方面入手：第一，将医院年度工作目标纳入绩效考核。将年度业务预算指标纳入科室行政责任目标。年度考核与绩效挂钩，这样可以把个人、科室的目标与医院的年度业务目标、改革目标结合在一起，减少短期行为。第二，将医疗安全与质量、护理安全与质量、CMI 值、手术分级纳入绩效考核，保障医疗安全的同时反映风险和难度。第三，将门诊人次、出院人次、手术台次、RBRVS 点值、病床使用率、周转率等工作量纳入考核。第四，将病种结余、例均费用、平均住院日、药占比、耗占比等纳入绩效考核，引导临床调整医疗行为，主动控费，减轻患者负担。第五，将患者满意度、临床满意度纳入考核，提升患者服务体验和科室间的协作效率。通过持续完善绩效考核指标体系，将质量、服务、技术难度放在最重要的位置，能够有效地调整医疗行为，减少逐利倾向。

4.4.10 不同人员薪酬管理问题

公立医院长期以来存在多种用工形式，如编制内、编制外、外聘、返聘、临聘、实习、研究生、进修生等，虽然他们不都是医院员工，但是对捉襟见肘的医院人力资源现状来讲，也发挥了非常重要的作用。研究生、实习生、进修生在完成正常的实习或进修任务之外，往往承担着课题组科研报销等事务性工作。进修人员在经过医务资质备案后往往与科室人员一起轮班，参与科室的医疗工作。所以，医院在设计薪酬制度时必须要考虑这类人员。同时要根据工作性质进行分类，即分为医、护、技、药、行政、后勤。

同一类型人员要根据岗位分类，例如：医生分为科主任、三线医师、二线医师、一线医师；护理分为护理部主任、护士长、助理护士长、N0～N4护理能级等；技师分为药师、技术员、技师组长等；行政分为科主任、组长、科员等；后勤分为组长、高级工、中级工、初级工等。

尽管以上人员学历、职称、工龄、资历相同，但由于工作性质不同，其岗位要求、风险程度、工作负荷、薪酬水平、考核要点都不尽相同。医院在搭建薪酬制度框架时，必须将人员分类考虑，针对不同类型的人员制定个性化的薪酬制度。

4.4.11 其他

医疗行业是知识密集型、技术密集型单位，广大医务人员具备高学历特征，他们追求的除了有吸引力的薪酬外，还有包括明确的职业通道、良好的发展前景和晋升机会、系统的培训、带薪休假、自我实现的舞台等非物质追求。具备吸引力的薪酬虽然能够有效地调动积极性，但是当薪酬达到相当水平的时候就会出现边际效应递减的情况，而自我实现等非经济激励满足了人性中最深层次的价值实现的渴望，能够激发强大的动力。

4.5 政策建议

4.5.1 绩效总量的核定

（1）落实两个允许

第一个允许，“允许医院突破现行事业单位工资调控水平”。即绩效总量的核定应突破原来核定的总量水平并根据医院业务量的增长、运营效率的提高形成动态调整机制。事实证明，当绩效工资的增长远远落后于工作量的增长时，队伍不稳定、人才流失的现象将持续发生。

第二个允许，“允许医疗服务收入扣除成本并按规定提取各项基金后主要用于人员奖励”。即医院的结余扣除扩大再生产的留用资金外可以主要用于人员奖励。

另外，考虑到现行政府会计制度对病种结余的确认为收付实现制，医保机构的清算周期较长，往往当年结余要在此后的 1 ~ 2 个年度才能反映，改革的红利没有及时兑现，不利于调动医院积极参与、支持改革的积极性的客观实际，所以绩效总量核定的公式中应加进按照权责发生制确认的病种结算差额。

基于对以上政策的解读，绩效总量的核定建议如下：

绩效总量 = [医疗收入（不包括收付实现制确认的病种结余）+ 按照权责发生制确认的病种结余 + 财政基本补助收入 + 政府购买服务收入 − 业务活动费用（与收入配比的）− 单位管理费用（与收入配比的）− 职工福利基金] × 比例 × 公立医院绩效考核结果

根据医院绩效考核结果，对于考核优秀的公立医院，按照 110% 兑现；考核合格的，按照 100% 兑现；考核基本合格的，按照 80% 兑现；考核不合格的，按照 60% 兑现。

借鉴国外医师薪酬一般为社平工资的 3 ~6 倍的做法，公立医院绩效总量的核定控制在社平工资的 6 倍以内。

另外，引进人才奖励、科研成果转化、省级各类奖励不纳入绩效总量。

（2）建立动态调整机制

卫健委应对公立医院绩效工资总量每年进行一次动态调整，对改革中出现的新问题及时研判，给出对策和建议，防止天花板效应或医院一边是工作量的大幅度增长、人员持续增加而另一边是绩效水平按兵不动的现象出现。

4.5.2 改变财政经常性补助投入方式

目前各级财政对公立医院经常性补助的方式为按照编制内人员数量、基本工资（部分）进行核定，但是公立医院人员结构中几乎有一半是编外人员，这样的财政投入方式对公立医院医疗行为的调整没有激励作用。有效的激励方式应该是根据医院提供的医疗服务数量和质量来确定投入，政府购买服务就是有效的激励方式，根据医院提供的门诊、住院医疗服务、绩效考核结果确定投入额度，这对规范医疗行为、提升服务效率、改善服务体验、提高医疗质量有较好的导向作用。

4.5.3 优化薪酬结构政策指导

根据医疗行业学习曲线长、取酬时间短，以及工作负荷大、责任担当重、风险高、工作时间长、加班常态化的工作特点，对医院薪酬结构作出指导：一是针对医师岗位出台岗位工资指导意见，在现行工资保障不足的情况下体现医师的岗位价值；二是提高护龄补贴标准，现行的护龄补贴不足以反映护理的工作价值，建议提高标准，作为护理岗位的价值体现，保障护理队伍的稳定；三是将夜班费、夜间和周末加班费纳入津补贴范围。明确协议工资、项目工资细则，作为现有薪酬体系的有益补充，指导医院针对单项工作、临时性任务以更加灵活的方式聘任相关领域的专家提供知识和技术劳务。

不同地区的人社部门针对本地区经济发展水平、人力资源结构、医疗机构发展状况细化引才政策；对符合条件的人才引进，落实薪酬待遇、科研平台、住房、子女入学、配偶工作岗位、户口迁移等政策，薪酬不纳入医院绩效总量管理，为医院吸引人才创造良好的政策平台。

（1）公平性的考量

前面我们分析的重点都集中在如何结合心血管专科特点，在充分考虑医、护、技、药、行政、后勤各个岗位的工作负荷、承担风险的前提下，体现效率优先的问题。绩效分配中另外还必须考虑的问题是内部的公平性，体现向临床一线、向急难险重的岗位倾斜的原则。所以在绩效测算完成后，需要持续关注各个片区、各级各类人员绩效水平的比重关系。在人力资源配置一致、政策环境相近、满负荷运行的情况下，一般来说，绩效平均数按照以下顺序较能反映负荷、难度、风险，较能体现公平性：医师 > 技师 > 护理。从医师绩效来看，小儿恢复室 > 外科病区，成人恢复室 > 内科病区，ICU > 内科病区，麻醉 > 病区。从护理绩效来看，恢复室 > 手术室 \ 介入导管室 > 病区 > 医技 > 健康管理中心。

（2）专科运营

薪酬改革的目标是制定符合医疗行业特点的、能够充分体现医师价值的薪酬体系。薪酬管理作为指挥棒可以很好地撬动医院经济增长的引擎。要做好薪酬管理，往往需要对专科运营情况进行深入、细致、全面的分析。专科运营主要通过按月反馈科室运营报表，分析科室工作量、预算执行、成本控制、病种管理、医保管理、价格管理、医疗欠费管理、绩效考核等内容，指导科室运营，将医院战略目标与科室管理统一起来，扬长避短，充分挖掘科室发展潜力。医院运营部门以专科运营为抓手，深入临床一线指导科室运营，达到提高管理效率、规范管理的目标。

4.5.4 建立标准薪酬项目并规范津补贴

卫健委等上级主管部门应会同人社部门针对医疗行业单位性质——技术密集、劳务密集，知识资本和智慧资本占主要地位，工作时间不固定、加班为常态，工作时间长、工作负荷大等工作特征，建立标准的薪酬项目，包括薪级工资、岗位工资、改革性补贴、绩效工资、夜班费、医师岗位津贴、护理岗位津贴等，指导医院进一步理顺薪酬体系，规范津补贴的发放。既要体现医师的劳务价值，又要规范分配秩序、发挥绩效指挥棒的作用。

4.5.5 主要负责人及关键岗位人员年薪制

公立医院主要负责人，即书记、院长、班子成员等关键岗位实行年薪制，按照基本薪酬、绩效薪酬结构设计。其中，基本薪酬为档案工资、奖励性绩效，取消奖励性绩效水平原则上不高于本单位编制内职工平均水平2.5倍的限制，按月核发。

绩效薪酬为收支结余提取基金后用于人员奖励的部分，按全院职工超额奖励性绩效的5倍作为基数，纳入奖励性绩效总量管理，年度考核后发放。三级医院根据公立医院绩效考核结果兑现，考核为优秀的按照105%兑现，考核为良好的按照100%兑现，考核为合格的按照95%兑现，合格以下的不再兑现。

副职院领导可以比照主要负责人实行年薪制，按主要负责人年薪标准的 90% 左右确定，由主要负责人对班子成员进行岗位考核，考核后兑现。实施业务骨干年薪制，根据职务职级及所在岗位不同，由医院自主设立不同档次的年薪标准。

4.5.6 实施岗位管理且用好自主分配权

赋予公立医院自主分配权，根据医院规模、科室设置、专业特色自主制定绩效考核体系，考核后分配。与人事改革联动，变身份管理为岗位管理。

（1）岗位核定

人社部门应根据医院医、药、护、技、行政、后勤等不同岗位承担的工作负荷、职责担当、技术难度、风险责任组织人力资源，不同专业的医疗专家进行岗位价值评价，赋予岗位系数作为薪酬分配的指导，这样对规范医疗行业薪酬分配具有非常重要的导向作用。各类各级医院可以根据岗位评价意见，结合医院专科特征、战略目标、专科发展定位细化分配政策，理顺分配关系。医院人力资源部门牵头梳理医、药、护、技岗位设置，定岗定编，编制岗位说明书，根据岗位说明书细化岗位重点工作量、质量、效率、满意度指标，规范薪酬管理。

（2）设置三级考核体系

从外部考核角度看，三级公立医院绩效考核结果与全院超额绩效、主要负责人绩效年薪直接挂钩；二级及以下公立医院比照责任目标考核兑现超额绩效及主要负责人绩效年薪。

从内部考核角度看，充分赋予公立医院分配自主权，由医院自主选择适合医院战略目标、发展规划、年度计划、专科特色的绩效考核体系，设立主要负责人为组长、人力资源分管院长为副组长，以及副院长、纪委书记、党委副书记、中层干部为成员的考核领导小组，领导小组在人力资源部门下设办公室，负责制定医院绩效考核指标体系，开展月度、年度绩效考核，考核后分配。

实施岗位管理，开展院科二级岗位考核。院级考核由医院考核领导小组及办公室牵头按月对关键岗位（主要是科室主任、护士长等中层干部）进行考核，岗位考核后兑现月度绩效工资，年度岗位考核后兑现年度绩效工资。考核指标体系的设置应充分体现风险、难度、工作负荷、向一线倾斜。

科室成立薪酬管理小组，对科室所有岗位进行考核，以岗位工作量、服务质量、行为规范、技术难度、风险程度和服务对象满意度为主要内容，考核后分配。

4.5.7 分配政策指导

各薪酬改革试点地区人社部门应针对本地区经济发展水平、财政负担情况、公立医院运行情况出台个性化的分配实施细则，根据综合医院、专科医院、中医院、公共卫生机构的特点出台不同的指导意见，指导医院合理合规地分配。医院在指导意见框架下自主行使分配权，并由上级主管部门、审计部门落实监管责任。

4.5.8 出台相关配套改革政策

第一，为了落实编内编外人员同岗同薪同待遇，出台人事改革配套政策。如一些改革试点地区出台的编制备案制，弱化人员身份，变身份管理为岗位管理的本意是打破铁饭碗、吸引更多的优秀人才，但是实践中却出现了这样那样的问题。对于长期在体制内工作的人员，编制意味着安全感，背后是良好的保障体系，打破这个安全感需要很大的勇气，或者说要付出相当大的代价。这种代价令很多本来想干一番事业却苦于体制的藩篱的优秀人才面对体制外的世界望而却步。编制备案制这种灵活的制度设计带来了不安全感，反而不利于队伍的稳定。建议出台人员总量管理改革政策，医院人员包括总量内人员和劳务派遣人员。劳务派遣人员经由两个阶段的选拔，由医院组织统一考试、综合考核后进入总量，总量内人员即现行的编制内人员。C 医院人员总量改革启动以来，极大地调动了临床一线的积极性，也成为吸引人才的一大法宝。很多在传统公立医院无法入编的优秀人才纷纷到医院投简历，以加入医院团队为荣。

第二，出台政府购买服务改革政策，将按人定补转变为按事定费。如 C 医院政府购买服务改革，由省卫健委与医院签订购买服务合同。合同里约定了一系列工作量指标和绩效考核指标；平均住院日、满意度等服务指标；人才培养完成率、先心筛查人数及完成率等公益性指标。医院自 2018 年起，将合同约定的各项指标纳入医院年度工作目标，以全面预算管理为抓手，将各项购买服务指标进行细化分解，将任务下达到每个临床、医技、行政职能科室，签订行政责任目标，层层传导压力，确保年度目标的实现。一是实现了医疗收入的高速增长，2018 年、2019 年、2020 年实现了两位数的高速增长。二是在大力拓展病区、加速成长的同时保证了医疗安全与质量，保障了平移总院高品质的医疗技术及服务的建设目标，医院品牌逐渐得到广大患者的认可，医院经济指标持续向好，财务运营健康有力。三是医院主动承担了先心筛查、慢病管理等社会责任，先心筛查计划连年超额完成任务，通过进修计划、专家工作站、远程医疗等方式实现了优质医疗资源的下沉。

第5章

D单位人才评价类考试项目绩效指标案例

5.1 D 单位基本情况

中国是一个考试大国，也是一个考试古国，从考绩开始我国的考试可以追溯到几千年前。基于发展或晋升的需要，中国社会和广大考生对于考试的需求十分明显，尤其渴盼公平考试、科学考试，可以说，所有有才能的人都希望得到正确客观的评价，而浑水摸鱼的人则需要通过安全规范的考试制度被筛选出去。近年来，随着经济社会发展和内外部环境的剧烈变化，对人才的需求更为突出，变得尤为迫切，在这一背景下，人才强国战略已经提升至国家发展的优先位置，相应的人才评价需求必不可少，这些需求对于考试组织实施单位提出了更高的工作要求，我们对于人才评价类考试项目绩效目标和指标设置进行研究有利于更好地引导考试工作的开展和完善，具有重要的现实意义。D 单位是一家人事考试单位，承担着为国选才的重要职能，自成立以来一直组织人才评价类考试，是人事考试行业的带头单位。多年来，D 单位在很多领域形成了自己的工作规范，在预决算收费等财务管理领域也取得了很多成绩，以其为案例对象进行研究具有较强的行业代表意义和前瞻性、引领性。需要说明的是，由于招聘类考试预算主体和资金来源在几年中有不少变动，且在考试要求、管理模式和资金预算情况等方面与专业技术人员资格考试有较大差异，有自身的特点，并实行严格的隔离管理，为了聚焦项目支出绩效指标设置与优化并体现前后年度的可比性，本案例主要侧重于专业技术人员资格考试项目绩效指标设置与优化。

5.2 D单位指标现状

D单位负责二十几项专业技术人员资格考试工作，从考试组织实施管理来讲，各项专业技术人员资格考试具有较大的相似性，这为不同专业技术人员资格考试的预算项目整合奠定了基础。近年来，D单位专业技术人员资格类考试预算项目从内容到规模都有了较大的改变。一是预算项目设置不断精简。自2015年全国预算管理改革以来，根据上级部门整合和压减项目数量的要求，D单位专业技术人员资格类考试预算项目设置从最早的按考试项目横向设置几十个考试预算项目，调整为按支出环节纵向设置六个预算项目，再到2017年起打捆设置为一个预算项目“考试服务保障经费”，该项目囊括了考试管理的全过程，包括命题、制卷、考试组织、阅卷、考后管理、证书管理、信息化建设、考试服务保障、考试基地保障等一系列工作环节，预算项目数量大大减少。二是预算项目支出规模不断增加。专业技术人员资格类考试支出与报考人数呈明显的正相关关系，尤其与考试组织、阅卷、试卷、证书等成本环节直接相关。随着近年来报考人数的不断增加，预算支出规模从2016年的1.09亿元增长到2020年的1.34亿元，但仍有较大的资金缺口。三是预算管理与考试业务管理密切度不断提高。D单位注重全员预算管理和绩效管理，规划财务部门负责预算和绩效的汇总与协调，考试业务部门负责预算和绩效的编制与执行，单位领导负责集体研究与决策，这样的机制保障了各个部门对于业务开展、预算管理、绩效管理的共同重视，大大提高了预算和绩效管理与考试业务管理的密切度。四是预算绩效目标指标体系不断精简优化。从2015年中央部门预算改革开始编报 2016 年预算起，D 单位就在摸索并不断调整优化专业技术人员资格考试项目支出预算绩效目标及指标体系设置，调整及完善过程主要经历了三个阶段：一是摸索设置阶段（主要对应 2016—2017 年项目预算）；二是局部完善阶段（主要对应 2018—2019 年项目预算）；三是制定模板阶段（主要对应 2020 年项目预算及 2021—2022 年支出规划）。对应三个阶段，D 单位形成了三套绩效目标及指标体系，分别简称为 BP1 套、BP2 套、BP3 套，后面将详细说明。其中，第三阶段反映了 D 单位尝试优化指标体系后的情况，后面将结合优化方案详细介绍，指标现状这一部分先介绍前两阶段的指标设置情况及问题。

5.2.1 摸索设置阶段的指标情况

这一阶段包含 2016 年和 2017 年两年，主要对应 2016—2017 年项目预算，2016 年项目支出预算中 D 单位还有 6 个预算项目，2017 年就被压缩为 1 个，预算绩效指标体系设置主要参照财政部《关于印发〈中央部门预算绩效目标管理办法〉的通知》（财预〔2015〕88 号）和《财政部关于印发〈预算绩效评价共性指标体系框架〉的通知》（财预〔2013〕53 号）等文件给出的参照模板，由提出预算需求的各个业务部门结合各自工作要求提出绩效指标体系，这些指标体系基本都涵盖了产出指标（数量、质量、时效、成本）、效益指标（经济效益、社会效益、生态效益、可持续影响）、满意度指标（服务对象满意度指标），由规划财务部门进行汇总。但因为涉及业务需求，规划财务部门很难自行删减。同时由于内部业务部门分别负责不同的考试或不同的考试组织环节，业务上存在交叉和共性的工作，因此规划财务部门汇总起来的绩效指标存在重复和量大的突出问题。具体而言，2016—2017 年度的预算绩效指标体系如表 5 - 1 和表 5 - 2 所示。

表 5－1　专业技术人员资格考试项目支出预算绩效指标体系之 BP1 套—2016 年

序号	绩效指标	一级指标	二级指标	三级指标	年度指标值（A）
1	项目1考试命题和阅卷费	产出指标	数量指标	试题试卷命制、初审、终审、审校	××套
2			数量指标	J 试题试卷命制、初审、终审、审校	××套
3			质量指标	试卷印制封装差错率（上限）	万分之一
4			质量指标	考试大纲、考试用书差错率（上限）	万分之一
5			质量指标	异常雷同考场占比（上限）	1%
6			数量指标	J 考试试卷变换	××套
7			数量指标	J 考试用书的修订、出版	××本
8			质量指标	科目先进性、题目准确性、系统实用性	显著提升
9			质量指标	试卷差错率（上限）	0.2%
10			质量指标	考务信息管理差错率	1%
11			时效指标	按项目书计划时间完成各项工作	100%
12			数量指标	W 考试大纲的修订、出版	××个语种
13			时效指标	考务管理问题处理及时率	100%
14			成本指标	在年度预算范围内执行	100%
15			数量指标	付合作部委考务费	约×万元
16			质量指标	零雷同考场占比（下限）	70%
17			数量指标	W 考试用书的修订、出版	××个语种
18			质量指标	试题试卷质量达到心理测量学标准（达标率）	85%
19			数量指标	J 考试大纲的修订、出版	××份
20			数量指标	W 考试试卷变换	××套
21			数量指标	专家命审题技术培训	1 次
22			数量指标	专家安全保密技术培训	1 次
23		效益指标	生态效益指标	节约环保	通过考试方式改革，节约资源，低碳环保，提高管理效率
24			社会效益指标	专业知识的应用	促进专业知识学习和运用

续表

序号	绩效指标	一级指标	二级指标	三级指标	年度指标值（A）
25	项目1考试命题和阅卷费	效益指标	社会效益指标	考风考纪	促进公平公正氛围实现
26			经济效益指标	考试报名费收入	××万元
27			可持续影响指标	命题和阅卷质量提升	持续提升考试命题和阅卷的工作质量
28			经济效益指标	考试用书发行总码洋	××万元
29		满意度指标	服务对象满意度指标	考生投诉率	不超过5%
30			服务对象满意度指标	与专业主管部门合作通达率	100%
31			服务对象满意度指标	处理地方考试机构考务管理问题的及时率	100%
32	项目2试卷印制和运送费	产出指标	数量指标	各类试卷、答题卡的印制和运送数量	××项考试××万份，每个考试均运送到省、地区、市县州盟等考区或考点
33			质量指标	按照各类考试规定的标准和要求保质保量地印制试卷及答题卡	符合使用要求及规范
34			时效指标	项目工作任务年度内按时完成	按时完成
35			成本指标	项目支出控制在预算范围内	不超预算
36		效益指标	经济效益指标	节约试卷成本	单价有所降低
37			社会效益指标	保障考试试卷安全、保密、有效送达各省市考试机构	不出差错
38			可持续影响指标	维护考试公平性、促进该类考试项目可持续性开展	效果良好
39		满意度指标	服务对象满意度指标	各省各类考试参与人员的满意度高	≥95%

续表

序号	绩效指标	一级指标	二级指标	三级指标	年度指标值（A）
40	项目3证书印制和运送费	产出指标	成本指标	项目支出控制在预算范围内	不超预算
41			时效指标	项目工作任务年度内按时完成	按时完成
42			数量指标	各类证书印制和运送数量	预计印制×本，以实际印制数量为准
43			质量指标	按照证书印制招标文件规定的标准和要求保质保量地印制证书	达到招标文件要求
44		效益指标	可持续影响指标	促进新的就业机会或者提高现有生活水平	促进效果良好
45			社会效益指标	保障考试参考或合格人员及时领取证书，确保参加各类评审或得到相应的认定	达到指标要求
46		满意度指标	服务对象满意度指标	各省各类证书使用人员的满意度较高	投诉少于10次
47	项目4信息化建设	产出指标	质量指标	通用考试系统响应时间、故障排除时间、灾难性事故次数	4小时内、2工作日内、0
48			数量指标	建设并维护统一认证平台	1个
49			数量指标	建设并维护资格考试网报系统	1个
50			质量指标	提高人事考试信息化水平	促进效果良好
51			质量指标	年度内无重大事故发生，运维质量符合等级保护相关质量标准	达到标准
52			数量指标	建设并维护考务通平台	1个
53			数量指标	建设并维护机考网报系统	1个
54			数量指标	考务系统升级	2个
55			质量指标	保障各网络链路、vpn网络畅通，正常运行时间占比	90%
56			时效指标	项目工作任务各年度内按时完成	按时完成
57			时效指标	通用系统完成时间	协议商定时间
58			数量指标	建设并维护统一网报平台	1个
59			成本指标	项目支出控制在预算范围内	不超预算

续表

序号	绩效指标	一级指标	二级指标	三级指标	年度指标值（A）
60	项目4信息化建设	产出指标	数量指标	上机考试系统升级	1 个
61			质量指标	保障各信息系统稳定运行，信息系统正常运行时间占比	90%
62			质量指标	科目先进性、题目准确性、系统实用性	符合使用要求
63			数量指标	建设并维护人事考试行业云	1 个
64			质量指标	各设备、各系统发生故障到场服务的平均响应时间，排除故障最长用时	2 小时/24 小时
65			数量指标	建设并维护中国人事考试网	1 个
66			数量指标	建设并维护命审题系统	××个
67			数量指标	对网络系统、存储系统、数据备份系统、网络安全系统等进行维护	11 个，80 套
68		效益指标	经济效益指标	指标 1：通过网报平台建设切实降低各地网报系统业务投入	节约成本×万元
69			经济效益指标	指标 2：提高质量、效率、间接效益	效果明显
70			社会效益指标	指标 1：进一步提高人事考试信息安全；为广大考试机构和考生提供快捷方便服务	效果明显
71			社会效益指标	指标 2：考试质量、考试效率、行业竞争力	提升
72			社会效益指标	指标 3：计算机考试引导广大专业技术人员学习掌握计算机知识，提高应用水平	提升
73			生态效益指标	题库机考方式，减少考试环节，提高管理效率，降低纸质试卷印刷、运输、保存过程中的生态成本	效果明显
74			可持续影响指标	指标 1：发挥信息化的科学性、基础性、前瞻性和引领性作用，促进信息建设健康发展	效果明显
75			可持续影响指标	指标 2：为考试业务提供持续、有力的技术支撑	效果明显
76			可持续影响指标	指标 3：保障信息化信息安全和网络安全，促进系统持续性运营	不发生大的安全事件
77			可持续影响指标	指标 4：考试、考务系统持续发展能力，具有前瞻性、先进性	效果明显

续表

序号	绩效指标	一级指标	二级指标	三级指标	年度指标值（A）
78	项目4信息化建设	满意度指标	服务对象满意度指标	指标1：中心本级及各省信息系统使用人员的满意度较高	投诉较少
79			服务对象满意度指标	指标2：考生及用人单位对信息系统使用满意度较高	投诉较少
80			服务对象满意度指标	指标3：通用系统使用人员满意度	95%以上
81			服务对象满意度指标	指标4：JS考试上机考试考生满意度	95%以上
82	项目5考试服务保障经费	产出指标	数量指标	租房面积	××平方米
83			质量指标	持续发展能力	提升
84			数量指标	信息管理员培训人次	100
85			时效指标	信息管理员培训完成时间	12月10日前
86			成本指标	人均会议成本	不超过×万元
87			成本指标	人均培训成本	不超过×万元
88			成本指标	设备购置及成本	不超过×万元
89			成本指标	房租、房屋维修及物业有关费用成本	不超过×万元
90			成本指标	信息管理员培训成本	××万元
91			质量指标	信息管理员培训合格率	95%以上
92			时效指标	全国**考试工作会完成时间	2016年9月前
93			数量指标	信息管理员培训班次	1
94			时效指标	考试业务工作会完成时间	按计划完成
95			数量指标	全国**考试中心主任培训班班次	1
96			时效指标	全国**考试中心主任培训班完成时间	2016年5月前
97			数量指标	全国**考试工作会场次	1
98			质量指标	全国**考试中心主任培训班合格率	100%
99			质量指标	设备购置质量合格率	95%
100			数量指标	政府采购与资产管理相关设备购置数量	台/套
101			时效指标	政府采购与资产管理相关设备购置完成时间	2016年12月前

续表

序号	绩效指标	一级指标	二级指标	三级指标	年度指标值（A）
102	项目5考试服务保障经费	效益指标	可持续影响指标	购置设备正常运行年限	至少 5 年
103			社会效益指标	在 ** 考试制度设计、标准体系建设、考试信息化建设、考试新技术研发与应用、考试安全体系建设等方面研究提出改革发展的思路、策略和具体措施，促进 ** 考试改革发展，实现安全考试、公平考试、科学考试目标	效果显著
104			社会效益指标	考试质量、考试效率、行业竞争力	稳步提升
105			社会效益指标	人事考试各项事业稳步发展	作用显著
106		满意度指标	服务对象满意度指标	单位内部人员对设备购置使用的满意度	95% 以上
107			服务对象满意度指标	相关部门或人员对会议、培训成果的满意度	95% 以上
108	项目6考试命题和阅卷场所租金等	产出指标	质量指标	提高阅卷工作效率	5%
109			时效指标	综合机房建成时间	2016 年 9 月前
110			时效指标	文体活动室建成时间	2016 年 10 月前
111			成本指标	人均日会议直接成本	0.02 万元
112			成本指标	人均工资	××万元
113			时效指标	一、二号楼连廊及大厅内顶	2016 年 9 月前
114			数量指标	各类命题服务保障	××次
115			成本指标	房租成本	××万元
116			数量指标	保障 ** 考试业务培训及研讨	10 次
117			质量指标	服务标准及设备保障率	90% 以上
118			质量指标	命题及阅卷任务服务保障率	80% 以上
119		效益指标	社会效益指标	保证人事考试命题、阅卷工作正常开展，为国家选拔人才提供科学手段和公平公正的考试环境	效果明显
120			可持续影响指标	** 考试人员业务素质提高保持年限	3 年

续表

序号	绩效指标	一级指标	二级指标	三级指标	年度指标值（A）
121	项目6考试命题和阅卷场所租金等	效益指标	可持续影响指标	命题使用保持年限	5 年
122			可持续影响指标	培训及研讨使用年限	5 年
123		满意度指标	服务对象满意度指标	命题、阅卷专家满意度	90% 以上
124			服务对象满意度指标	中心工作认可度	85% 以上
125			服务对象满意度指标	基地工作人员满意度	85% 以上
126			服务对象满意度指标	命题、阅卷专家投诉次数	10 次以下

表 5 -2　专业技术人员资格考试项目支出预算绩效指标体系之 BP1 套—2017 年

序号	绩效指标	一级指标	二级指标	三级指标	预期指标值
1	项目之考试服务保障经费	产出指标	数量指标	W 考试试题试卷命制、初审、终审、审校	××套
2			数量指标	J 考试用书的修订、出版	××本
3			数量指标	W 考试大纲的修订、出版	××个语种
4			数量指标	J 考试大纲的修订、出版	××份
5			数量指标	JS 考试题库建设	××题
6			数量指标	W 考试试卷变换	××套
7			数量指标	专家命审题技术培训	1 次
8			数量指标	专家安全保密技术培训	1 次
9			数量指标	各类试卷、答题卡的印制和运送数量	约×项考试×万份，每个考试均运送到指定的省、地区、市县州盟等考区或考点
10			数量指标	各类证书印制和运送数量	以实际印制数量为准
11			数量指标	建设并维护统一认证平台	1 个

续表

序号	绩效指标	一级指标	二级指标	三级指标	预期指标值
12	项目之考试服务保障经费	产出指标	数量指标	建设并维护资格考试网报系统	1 个
13			数量指标	计算机考试用书编写	1～3 册
14			数量指标	建设并维护考务通平台	1 个
15			数量指标	建设并维护机考网报系统	1 个
16			数量指标	考务系统升级	2 个
17			数量指标	建设并维护统一网报平台	1 个
18			数量指标	上机考试系统升级	1 个
19			数量指标	J 试题试卷命制、初审、终审、审校	××套
20			数量指标	建设并维护人事考试行业云	1 个
21			数量指标	建设并维护中国人事考试网	1 个
22			数量指标	建设并维护命审题系统	1 个
23			数量指标	对网络系统、存储系统、数据备份系统、网络安全系统等进行维护	11 个，80 套
24			数量指标	租房面积	××平方米
25			数量指标	信息管理员培训人次	100
26			数量指标	信息管理员培训班次	1
27			数量指标	全国 ** 考试中心主任培训班班次	1
28			数量指标	全国 ** 考试工作会场次	1 场次
29			数量指标	政府采购与资产管理相关设备购置数量	××台/套
30			数量指标	各类命题服务保障	××次
31			数量指标	保障 ** 考试业务培训及研讨	××次
32			数量指标	J 考试试卷变换	××套
33			质量指标	试题试卷质量达到心理测量学标准（达标率）	85%
34			质量指标	实考试卷差错率（上限）	0.2%
35			质量指标	考务信息管理差错率	1%
36			质量指标	考务管理问题处理及时率	100%
37			质量指标	零雷同考场占比（下限）	70%
38			质量指标	按照各类考试规定的标准和要求保质保量地印制试卷及答题卡	符合使用要求及规范

续表

序号	绩效指标	一级指标	二级指标	三级指标	预期指标值
39	项目之考试服务保障经费	产出指标	质量指标	按照证书印制招标文件规定的标准和要求保质保量地印制证书	达到招标文件要求
40			质量指标	通用考试系统响应时间、故障排除时间、灾难性事故次数	4 小时内、2 工作日内、0
41			质量指标	提高 ** 考试信息化水平	促进效果良好
42			质量指标	年度内无重大事故发生，运维质量符合等级保护相关质量标准	达到标准
43			质量指标	保障各网络链路、vpn 网络畅通，正常运行时间占比	90%
44			质量指标	保障各信息系统稳定运行，信息系统正常运行时间占比	90%
45			质量指标	科目先进性、题目准确性、系统实用性	符合使用要求
46			质量指标	各设备、各系统发生故障到场服务的平均响应时间，排除故障最长用时	2 小时/24 小时
47			质量指标	试卷印制封装差错率（上限）	万分之一
48			质量指标	信息管理员培训合格率	>95%
49			质量指标	全国 ** 考试中心主任培训班合格率	100%
50			质量指标	设备购置质量合格率	95%
51			质量指标	考试大纲、考试用书差错率（上限）	万分之一
52			质量指标	提高阅卷工作效率	5%
53			质量指标	考试用书差错率	万分之一
54			质量指标	服务标准及设备保障率	>90%
55			质量指标	命题及阅卷任务服务保障率	>80%
56			质量指标	异常雷同考场占比（上限）	1%
57			时效指标	按项目书计划时间完成各项工作	100%
58			时效指标	通用系统完成时间	协议商定时间
59			时效指标	信息管理员培训完成时间	12 月 10 日前
60			时效指标	政府采购与资产管理相关设备购置完成时间	按实际计划完成
61			时效指标	安防通道及瞭望台建成时间	2017 年 10 月前

续表

序号	绩效指标	一级指标	二级指标	三级指标	预期指标值
62	项目之考试服务保障经费	产出指标	时效指标	命审题室改造	2017 年 10 月前
63			时效指标	更换锅炉及锅炉房改造	2017 年 10 月前
64			时效指标	员工宿舍内部改造完成时间	2017 年 10 月前
65			成本指标	付合作部委考务费	约 × 万元
66			成本指标	人均会议成本	≤ × 万元
67			成本指标	人均培训成本	≤ × 万元
68			成本指标	设备购置及成本	≤ × 万元
69			成本指标	房租、房屋维修及物业有关费用成本	≤ × 万元
70			成本指标	信息管理员培训成本	× × 万元
71			成本指标	人均日会议直接成本	× × 万元
72			成本指标	人均工资	× × 万元
73			成本指标	房租成本	× × 万元
74		效益指标	社会效益指标	考风考纪	优良
75			社会效益指标	考试质量、考试效率、行业竞争力	提升
76			社会效益指标	JS 考试引导广大专业技术人员学习掌握计算机知识，提高应用水平	提升
77			社会效益指标	进一步提高 ** 考试信息安全；为广大考试机构和考生提供快捷方便服务	效果明显
78			社会效益指标	提高质量、效率、间接效益	效果明显
79			社会效益指标	考试评价公正	优良
80			社会效益指标	在 ** 考试制度设计、标准体系建设、考试信息化建设、考试新技术研发与应用、考试安全体系建设等方面研究提出改革发展的思路、策略和具体措施，促进 ** 考试改革发展，实现安全考试、公平考试、科学考试目标	效果显著
81			社会效益指标	保障考试参考或合格人员及时领取证书，确保参加各类评审或得到相应的认定	达到指标要求
82			社会效益指标	保障考试试卷安全、保密，有效送达各省市考试机构	不出差错

续表

序号	绩效指标	一级指标	二级指标	三级指标	预期指标值
83	项目之考试服务保障经费	效益指标	社会效益指标	在 ** 考试制度设计、标准体系建设、考试信息化建设、考试新技术研发与应用、考试安全体系建设等方面研究提出改革发展的思路、策略和具体措施，促进 ** 考试改革发展，实现安全考试、公平考试、科学考试目标	效果明显
84			社会效益指标	项目实施确保二十几项考试顺利完成，保证人才评价工作的公平、公正	效果明显
85			社会效益指标	保证 ** 考试命题、阅卷工作正常开展，为国家选拔人才提供科学手段和公平公正的考试环境	效果明显
86			经济效益指标	通过网报平台建设切实降低各地网报系统业务投入	节约成本 × 万元
87			经济效益指标	考试报名费收入	× × 万元
88			经济效益指标	考试用书发行总码洋	× × 万元
89			可持续影响指标	保障信息化信息安全和网络安全，促进系统持续性运营	杜绝大的安全事件
90			可持续影响指标	为考试业务提供持续、有力的技术支撑	效果明显
91			可持续影响指标	发挥信息化的科学性、基础性、前瞻性和引领性作用，促进信息建设健康发展	效果明显
92			可持续影响指标	题库机考方式，减少考试环节，提高管理效率，降低纸质试卷印刷、运输、保存过程中的生态成本	效果明显
93			可持续影响指标	考试、考务系统持续发展能力，具有前瞻性、先进性	效果明显
94			可持续影响指标	购置设备正常运行年限	≥5 年

续表

序号	绩效指标	一级指标	二级指标	三级指标	预期指标值
95	项目之考试服务保障经费	效益指标	可持续影响指标	通过相关培训、研究工作的开展，促进本单位考试服务保障能力的稳步提升	效果明显
96			可持续影响指标	** 考试人员业务素质提高保持年限	3 年
97			可持续影响指标	命题使用保持年限	5 年
98			可持续影响指标	培训及研讨使用年限	5 年
99			可持续影响指标	为考试审题和阅卷工作的正常进行提供支撑作用	效果明显
100			可持续影响指标	培训及研讨成果使用年限	5 年
101			可持续影响指标	推进专业技术人员队伍建设	逐步推进
102			可持续影响指标	维护考试公平性，促进该类考试项目可持续开展	效果良好
103			可持续影响指标	促进新的就业机会或者提高现有生活水平	促进效果良好
104		满意度指标	服务对象满意度指标	与专业主管部门合作通达率	100%
105			服务对象满意度指标	中心工作认可度	>85%
106			服务对象满意度指标	基地工作人员满意度	>85%
107			服务对象满意度指标	命题、阅卷专家投诉次数	<10 次

续表

序号	绩效指标	一级指标	二级指标	三级指标	预期指标值
108	项目之考试服务保障经费	满意度指标	服务对象满意度指标	处理地方考试机构考务管理问题的及时率	100%
109			服务对象满意度指标	各省各类证书使用人员的满意度较高	投诉<10次
110			服务对象满意度指标	JS考试上机考试考生满意度	>95%
111			服务对象满意度指标	通用系统使用人员满意度	>95%
112			服务对象满意度指标	考生及用人单位对信息系统使用满意度较高	>90%
113			服务对象满意度指标	中心本级及各省信息系统使用人员的满意度较高	>90%
114			服务对象满意度指标	单位内部人员对设备购置使用的满意度	>95%
115			服务对象满意度指标	相关部门或人员对会议、培训成果的满意度	>95%

5.2.2 局部完善阶段的指标情况

这一阶段包含2018年和2019年两年，主要对应2018—2019年项目预算，这两年项目数量均保持在1个，完善工作的重点是精简压缩指标数量，但具体做法上还是由提出预算需求的各个业务部门结合各自工作要求提出绩效指标体系，规划财务部门对一些重合的会议、培训、信息化、试卷印制量等进行指标及指标值整合，指标数量压缩取得了明显成效，但指标体系设置的整体性、科学性和代表性还有待提高。2018—2019年度预算绩效指标体系如表5－3和表5－4所示。

表 5－3 专业技术人员资格考试项目支出预算绩效指标体系之 BP2 套—2018 年

序号	绩效指标	一级指标	二级指标	三级指标	预期指标值
1	项目之考试服务保障经费	产出指标	数量指标	各类试卷、答题卡的印制和运送数量	约×万份
2			数量指标	培训班次/工作会场次	5 次/1 次
3			数量指标	对网络系统、存储系统、数据备份系统、网络安全系统等进行维护	11 个，80 套
4			数量指标	建设并维护平台/系统/网站数量	9 个
5			数量指标	系统升级	3 个
6			数量指标	J 考试大纲、考试用书的修订	×份/×本
7			数量指标	考试试题试卷命制、初审、终审、审校	经济×套、外语×套
8			数量指标	考试阅卷	3 次
9			数量指标	JS 考试题库建设	××题
10			数量指标	证书印制运送数量	约×万本
11			时效指标	培训完成时间	2018 年 12 月 10 日前
12			质量指标	保障各信息系统运行稳定，信息系统正常运行时间占比	0.99
13			质量指标	各设备、各系统发生故障到场服务的平均响应时间，排除故障最长用时	2 小时/24 小时
14			质量指标	培训合格率	≥95%
15			质量指标	故障排除时间	2 工作日内
16			质量指标	灾难性事故次数	0 次
17			质量指标	考务信息管理差错率	≤1%
18			质量指标	考试业务系统响应时间	4 小时内
19			质量指标	考试大纲、考试用书/试卷印制封装/实考试卷差错率（上限）	≤万分之一
20			质量指标	试题试卷质量达到心理测量学标准（达标率）	≥85%
21			质量指标	题目质量达到题库建设标准	≥85%
22		效益指标	社会效益指标	保证 ** 考试命题、阅卷工作正常开展，为国家选拔人才提供科学手段和公平公正的考试环境效果	显著
23			社会效益指标	提高考风考纪	显著
24			经济效益指标	机考降低试卷纸张使用成本	显著

续表

序号	绩效指标	一级指标	二级指标	三级指标	预期指标值
25	项目之考试服务保障经费	满意度指标	服务对象满意度指标	中心本级及各省信息系统使用人员的满意度	≥85%
26			服务对象满意度指标	命题、阅卷专家满意度	≥90%
27			服务对象满意度指标	相关部门或人员对会议、培训成果的满意度	≥95%

表 5－4　专业技术人员资格考试项目支出预算绩效指标体系之 BP2 套—2019 年

序号	绩效指标	一级指标	二级指标	三级指标	预期指标值
1	项目之考试服务保障经费（专业技术人员资格考试部分）	产出指标	数量指标	对网络系统、存储系统、数据备份系统、网络安全系统等进行维护	11 个，80 套
2			数量指标	各类试卷、答题卡的印制和运送数量	约×万份
3			数量指标	JS 考试题库建设	审定×题
4			数量指标	建设并维护平台/系统/网站数量	9 个
5			数量指标	J 考试大纲、考试用书修订	××份
6			数量指标	考试试题试卷命制、初审、终审、审校	经济×套
7			数量指标	考试阅卷	1 次
8			数量指标	培训班次/工作会场次	3 次/5 次
9			数量指标	系统升级	3 个
10			数量指标	证书印制运送数量	约×万
11			质量指标	保障各信息系统运行稳定，信息系统正常运行时间占比	0.99
12			质量指标	各设备、各系统发生故障到场服务的平均响应时间，排除故障最长用时	2 小时/24 小时
13			质量指标	考试大纲、考试用书/实考试卷/试卷印制封装差错率	≤万分之一
14			质量指标	考务信息管理差错率	≤1%
15			质量指标	培训合格率	≥95%
16			质量指标	试题试卷质量达到心理测量学标准（达标率）	≥85%

续表

序号	绩效指标	一级指标	二级指标	三级指标	预期指标值
17	项目之考试服务保障经费（专业技术人员资格考试部分）	产出指标	质量指标	题目质量达到题库建设标准	≥85%
18			质量指标	灾难性事故次数	0 次
19			质量指标	服务标准及设备保障率	≥90%
20			时效指标	J 考试大纲、考试用书修订完成时间	预计 2019 年 8 月底前
21			时效指标	JS 考试题库建设完成时间	循环考试，2019 年 12 月底前
22			时效指标	培训完成时间	2019 年 11 月 30 日前
23			成本指标	命题和阅卷成本	约×万元
24			成本指标	各类试卷、答题卡印制和运送成本	约×万元
25			成本指标	证书印制和运送成本	约×万元
26			成本指标	各类业务系统建设及运维费用	约×万元
27		效益指标	经济效益指标	机考降低试卷纸张使用成本	作用显著
28			社会效益指标	加强考风考纪建设	作用显著
29			社会效益指标	保证考试命题、阅卷工作正常开展，为国家选拔人才提供科学手段和公平公正的考试环境	作用显著
30		满意度指标	服务对象满意度指标	命题、阅卷专家满意度	≥90%
31			服务对象满意度指标	相关部门或人员对会议、培训成果的满意度	≥95%
32			服务对象满意度指标	中心本级及各省信息系统使用人员的投诉率	≤1%

5.2.3 存在的问题

为了更好地说明 D 单位上述两个阶段对专业技术人员资格考试项目支出预算绩效指标体系设置的情况及存在的问题，对 2016—2019 年预算项目和绩效指标进行了汇总整理，简单对比如表 5－5 所示。

表 5－5　D 单位专业技术人员资格考试预算项目及绩效指标对比（2016—2019 年）

<table>
<tr><td>两个阶段</td><td colspan="2">摸索设置阶段</td><td colspan="2">局部完善阶段</td></tr>
<tr><td>绩效指标体系</td><td colspan="2">BP1 套</td><td colspan="2">BP2 套</td></tr>
<tr><td>对应预算年份</td><td>2016 年</td><td>2017 年</td><td>2018 年</td><td>2019 年</td></tr>
<tr><td>项目名称</td><td>1. 考试命题和阅卷经费
2. 试卷印制和运送费
3. 证书印制和运送费
4. 信息化建设
5. 考试服务保障经费
6. 考试命题和阅卷场所租金等</td><td>考试服务保障经费</td><td>考试服务保障经费</td><td>考试服务保障经费</td></tr>
<tr><td>项目数量</td><td>6</td><td>1</td><td>1</td><td>1</td></tr>
<tr><td>项目绩效目标</td><td colspan="4">年度总目标全年满负荷高效完成各项考试测评任务。
目标 1：顺利完成各项考试命题和阅卷等工作，包括考试大纲编写修订、出版，试题试卷的命制、初审、终审、审校，考试的报名、考试实施、评卷、信息合成、数据校验、成绩发布，进一步加强机考工作研究，做好考试运行管理工作，完成题库建设工作。
目标 2：确保专业技术人员资格考试的试卷（含答题卡）按规定准确印刷、保证质量、保证安全并及时顺利地运送交付全国各考点，确保安全无泄密、无漏题等，不出安全事故。
目标 3：确保专业技术资格证书按规定准确印刷、保证质量并及时顺利准确无误地运送交付全国各考试机构，确保安全无遗漏、无多发，不出安全事故。
目标 4：保障考试各项业务应用顺利运行；确保资格网报系统、招聘网报系统、机考网报系统、考务通的正常运行；确保行业云平台稳步推进；确保 ** 考试命审题系统、机考顺利建设、推广；确保中国 ** 考试网发挥门户网站作用；确保 ** 考试指挥平台建设稳步推进；确保 ** 考试信息化基础设施稳定运行。及时解决 ** 考试信息系统在使用过程中发现的各种问题，保证系统可用性。对各级考试机构工作人员和报考人员进行系统操作指导，保证顺利完成相关工作。根据各级考试机构提出的意见和建议不断完善升级系统，更好地满足考务管理的新要求。不断引进新技术新方法，升级现有系统，保证系统处于行业的领先水平，提高系统简捷性和易用性，不断提升用户满意度，提高 ** 考试服务水平。
目标 5：通过全面做好各项常规工作，保障各项专业技术人员资格考试的顺利安全实施，不出考试安全和保密事故；通过不断改革逐步提高考试组织效率，提升考试管理水平，保障实现公平公正。
目标 6：按时完成场地租赁工作，进一步完善基地保密安全建设以及基础设施建设，为各项专业技术人员资格考试命题阅卷工作提供优质保障</td></tr>
</table>

续表

对应预算年份	2016 年	2017 年	2018 年	2019 年
绩效目标数量	6	6	6	6
绩效指标数量	126	115	27	32
产出指标数量	22 +4 +4 +21 +20 +11 =82	73	21	26
效益指标数量	6 +3 +2 +10 +4 +4 =29	30	3	3
满意度指标数量	3 +1 +1 +4 +2 +4 =15	12	3	3

从表 5 –5 中不难看出，D 单位专业技术人员资格考试预算项目绩效目标变动不大，基本维持了“1 个总目标 +6 个分目标”的格局，但从 BP1 套到 BP2 套绩效指标体系调整很大。一方面，绩效指标体系的数量大幅减少，BP1 套 2016 年 6 个项目合计 126 个指标，2017 年首次整合为一个项目 115 个指标；BP2 套 2018 年大幅压减至 27 个指标，而在 2019 年略有增加，达到了 32 项；另一方面，绩效指标的概括性和代表性有所提高，如 BP1 套中大部分培训班、会议、信息系统、不同考试命题任务均逐个列示，从 BP2 套开始精简压缩整合至一类。可以说，2018—2019 年预算经过调整在指标数量和代表性等方面已经有所改进，但仍存在指标体系设置的宏观性、科学性、概括性、引导性不足等突出问题。

一是宏观性不足。主要是受限于编报时间紧张、编报经验不足、编报水平欠缺等因素，这几年预算绩效指标的设置仍然采用各业务部门提出，规划财务部门简单汇总的做法，指标设置的站位和考虑仍主要是基于部门业务层面，而非单位整体业务层面，导致指标设置反映整体业务的宏观性考评需求不足，指标值设置也只考虑了本部门的工作情况。

二是科学性不足。主要表现在负责不同考试的不同业务部门对于考试的管理模式和要求有差异，对于预算项目绩效指标设置的理解也有差异，即使对于同样的命题、阅卷、试卷管理也会提出不一样的指标内容和指标值。

三是概括性不足。主要表现在最终呈现的绩效指标体系是各业务部门提出指标的汇总，有的部门提出的指标多，有的部门提出的指标少，甚至不提，这样的指标体系更多地反映了指标提得多的业务部门的工作内容及要求，有的甚至只是一项考试的数量、质量指标，缺乏对全局考试的概括，如2018—2019年中均较多体现J考试的命审题情况、信息化情况、会议培训情况，但对其他考试和其他工作反映偏少。

四是引导性不足。主要表现在缺少能较好地体现公平考试、科学考试、规范考试的针对性指标，而这样一些指标对于引导人才评价类考试工作的不断提升至关重要。例如应当包括反映分级分类考试质量、考试测评信度效度区分度等的指标。

当然，客观地说，D单位历来重视财务预算管理，全员参与预算编报，预算绩效参与度和水平在同行业和部门内属于较高水平，预算绩效指标能够紧贴核心业务，具备可操作性，在局部完善后指标数量基本合理。但问题依然是有的，除了上述四个突出问题外，D单位还存在一些项目支出预算绩效指标设置的共性问题，如缺少战略关联性、缺乏完整性、系统性和可比性，指标权重设置不够严谨等，需要在后续优化中加以解决。

5.3 优化思路

5.3.1 项目支出绩效指标制定的“36字方法”

基于上述现状和问题，D单位希望继续优化专业技术人员资格考试预算项目绩效指标体系，由规划财务部门牵头，各业务部门共同参与，目标是经过充分的征求意见和正式的决策流程形成适合于该项目的相对固定的绩效指标体系模板，既充分反映专业技术人员资格考试工作的职能安排和实际要求，也具备宏观性、科学性、概括性和引导性，且相对稳定，每年只需要根据工作实际相应调整指标值，从而在提高科学性的基础上减少重复工作量。

具体来说，D 单位在制定模板阶段主要开展了以下工作：2019 年 2 月，规划财务部门牵头确定制定模板的基本目标和实施计划；2019 年 3 月，规划财务部门牵头协调部分考试业务处室起草《专业技术人员资格考试项目支出预算绩效目标及指标体系模板（初稿）》；2019 年 4—5 月，规划财务部门牵头组织有关考试业务处室进行充分讨论，提出修改意见，形成《专业技术人员资格考试项目支出预算绩效目标及指标体系模板（征求意见稿）》；2019 年 6 月，征求相关考试业务处室意见，形成《专业技术人员资格考试项目支出预算绩效目标及指标体系模板（审议稿）》；2019 年 7 月，提交单位班子会及党委会研究审议，形成《专业技术人员资格考试项目支出预算绩效目标及指标体系模板（审定稿）》，并按照统一的要求纳入 2020 年一上预算项目库。

经过近半年的优化实践，D 单位的项目支出绩效指标体系在反映专业技术人员资格考试业务绩效的科学性和相关性方面有了显著提高，形成了绩效指标体系模板，在此基础上 D 单位总结出了“立足核心职能，向上战略拔高，向下任务延伸，全面细化指标，统筹协调部门，注重集体决策”的项目支出绩效指标制定完善的“36 字方法”（如图 5 – 1 所示）。

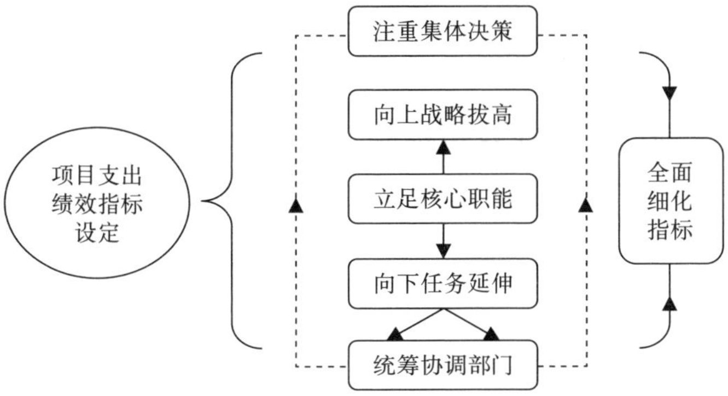

图 5 – 1　项目支出绩效指标制定完善的“36 字方法”

这一全面修订完善项目支出绩效目标及指标体系的基本逻辑是这样的，首先，D单位专业技术人员资格考试类预算项目只有一个，其项目预算绩效目标一定程度上就相当于单位这一专项工作的整体绩效目标，而单位绩效目标首先离不开要完成的对应职能，在这个环节还要考虑单位职能与上级主管部门职能以及与全国财政绩效的关系；其次，为履行单位职能，各单位有自己的工作规划和年度工作计划，反映业务工作的安排；最后，财务预算和年度绩效目标及指标是对年度工作计划的反映和细化。在此基础上还要注意协调过程和决策过程，对保障效果至关重要。接下来详细介绍这一优化方法及过程。

（1）立足核心职能

立足核心职能主要从部门职能和单位职能两个层面进行分析：

①从部门职能层面分析。D单位所属一级部门承担人才人事相关职能，其负责的人事考试是人才人事职能的一部分，也是为社会提供公共服务的重要组成部分。在《**事业发展“十四五”规划（草案）》中，除“指导思想和主要目标”和“强化规划实施保障”两方面总论外，重点强调了四大职能业务模块和“提高基本公共服务能力和质量”模块，第五模块的“推进公共服务均等化”中强调了若干公共服务平台的建设，包括建立全国统一的就业公共服务平台、社会保险公共服务平台、流动人员人事（档案）管理平台、人事考试综合服务平台等。其中，建立“全国统一的**综合服务平台”是这样描述的：推动**考试高质量发展，构建全国一体的**考试服务体系，完善全国统一的**考试综合服务平台。提升考试命题和测评能力，落实精准选人用人和分级分类考试要求，扩展专业化分级分类的命题队伍，完善人才测评体系；全面提升大规模**考试的组织实施效能、技术水平，强化考试安全体系建设，有效防控**考试安全风险；持续推进中央—省—市级**考试基地建设，提供完备的命题、考务、阅卷等服务保障能力；推动考试报名、考场安排、数据管理、证书系统一体化建设，建成全国统一的

** 考试指挥平台，推进考试改革创新，提升 ** 考试科学化、规范化、专业化、信息化水平。

②从单位职能层面分析。按照三定方案要求，D 单位履行如下职责：“负责拟定专业技术人员资格考试考务管理制度、标准与技术规范，并组织实施；指导、协调、监督有关专业技术人员资格考试考务管理工作。负责专业技术人员资格考试题库建设，拟定试题、试卷质量评价标准及方法，并组织实施；承办有关资格考试专家委员会的具体工作。负责有关专业技术人员资格考试大纲、考试用书的编写及命题组织工作；参与协调专业技术人员资格考试水平。承担有关专业技术人员资格证书的印制、发放及信息化管理工作。负责有关考试的考试大纲、考试用书的出版联系和发行工作等。”归纳而言，D 单位的核心职能是圆满完成各项专业技术人员资格考试的组织实施，现阶段总体目标是安全考试、公平考试、科学考试、规范考试，这是人才评价工作的重要组成部分。基于此，D 单位关于专业技术人员资格考试的绩效指标应以单位整体专业技术人员资格考试产出而不是某个业务部门的工作产出为基准确定。同时，D 单位的上级部门就是从事人才人事工作管理的专业部门，对接人才管理职能和人才强国战略，D 单位做好考试选人工作对于上级人才管理职能发挥及全国政府部门财政绩效高效发挥均具有直接而重要的意义。

（2）向上战略拔高

向上战略拔高主要是在立足核心职能的基础上，充分考虑国家战略、行业愿景、使命及核心价值观等内容，进而确定与考试相关的绩效目标及指标应如何设置。

①从国家战略层面分析。人事考试属于人才评价工作，是人才强国战略的重要组成部分，是发现人才、选拔人才、评价人才的重要抓手，对于推进和实现国家治理体系和治理能力现代化具有重要意义。习近平总书记在 2018 年全国组织工作会议上的讲话中指出：千秋基业，人才

为本。要加快实施人才强国战略，确立人才引领发展的战略地位，努力建设一支矢志爱国奉献、勇于创新创造的优秀人才队伍。要深化人才发展体制机制改革，最大限度把广大人才的报国情怀、奋斗精神、创造活力激发出来。要完善人才培养机制，要改进人才评价机制，要创新人才流动机制，要健全人才激励机制。要实行更加积极、更加开放、更加有效的人才引进政策，聚天下英才而用之。要广泛宣传表彰爱国报国、为党和人民事业作出突出贡献的优秀人才，在知识分子和广大人才中大力弘扬爱国奉献精神。这是我们开展人才评价工作和考试发现人才工作的重要引领和努力方向。各级各类考试机构尤其是人事考试机构承担着为国选才的重要职责，在为国家发现和凝聚人才上责无旁贷。

②从考试本身和考试行业分析。考试及相关辅助产业自成一个专门行业，社会关注度很高，古今中外概莫能外。考试制度古已有之，甚至考试起源与绩效管理密不可分。人事考试制度同样历史悠久，一定程度上可以说古代的考试更多侧重于选人用人的人事考试层面，如察举制、科举制等。根据我国上古时期遗传下来的典籍《尚书》记载，早在尧舜时代，就有考绩。《尚书》中讲："三载考绩，三考，黜（chu）陟（zhi）幽明"（黜，降，贬义；陟，升，进意；幽，指昏暗的官吏；明，指明达的官吏）。意思就是"三年小考，九年大考，黜无职而赏有功。"笔者理解这是绩效管理的起源，是对官员功绩的考核与管理；也是考试思想的起源，是考试用于评价人才选拔使用人才的重要功能体现。西汉时期，为了选拔优秀人才成为官员，朝廷采取"乡举里选"的做法，也就是通过察举制推荐优秀人才。隋朝开始，朝廷设立科举制度，此后在唐宋兴盛，明清进一步固化为八股制。民国时期，政府相应设立考试院，主管考试相关工作。现在我国是根据考试类别和单位级别分别设置若干类和若干级考试机构，如按照类别分有人事类考试机构、教育类考试机构、会计类考试机构、建设类考试机构、交通类考试机构、司法类

考试机构、卫生类考试机构等；按级别分又有中央级考试机构、省级考试机构、地市（州）级考试机构乃至县级考试机构等。目前人事考试机构对各类专业技术人员资格考试实行了分级分类管理，人才选拔考试强调逢进必考，考评结合，分级分类实施人才评价等，可以说考试氛围日益浓厚。从国外看，考试亦由专门考试机构组织，承担着公平客观认证的职责，很多国外考试机构未必是官方机构，行业协会学会较多，但也得到了较好的市场认可，形成了广泛的社会基础。除了考试工作本身，围绕考试服务的软硬件开发维护产业、防作弊反作弊产业、辅导培训产业、教材出版印刷产业等共同构建了庞大的产业体系。可以说，考试作为人才选拔的重要工具，是体现社会公平公正的重要方式，是实施人才强国战略的重要抓手，是治国理政公共职能的重要组成部分，也是考生和社会都非常关注的一项工作，其重要性不言而喻。

③从考试行业的愿景、使命及核心价值观分析。为了更好地反映考试支出预算绩效，有必要认真思考考试行业的愿景、使命及核心价值观应该如何表述。愿景决定了一个行业努力的方向，它提出了在不确定和不稳定环境中的长程导向，是大家期望实现的未来图景，包含了长期发展的方向、目标、目的、理想、愿望。比如，斯坦福大学要成为“美国西部的哈佛”，长江商学院要做中国CEO的“西点军校”，这些都是大家耳熟能详的愿景。笔者认为考试的愿景在于成为“人才的伯乐”，让每一个“千里马”人才都能够被发现并驰骋，从而实现“让人才爱上考试，让人人信任考试”的目标。使命则是实现愿景的手段，决定了该做什么，该如何走，如沃尔玛的使命是让普通老百姓买到有钱人用的东西，默克制药的使命是保护和改善生命质量。要成为“人才的伯乐”，考试的使命就是要科学客观评价人才，高效精准选人用人，让人人成才，使人尽其才。核心价值观则是实现愿景和使命所需要遵循的行为准则，如社会主义核心价值观是“富强、民主、文明、和谐，自由、

平等、公正、法治，爱国、敬业、诚信、友善”，读来朗朗上口，易于共同遵循。基于考试的愿景和使命，笔者认为考试行业也要遵循一定的核心价值观，如科学考试、公平考试、安全考试、规范考试、便利考试、创新考试等。

那么，考试的绩效与其愿景、使命、核心价值观有什么关系呢？不难理解，考试的绩效应该反映考试行业的发展方向和努力前景，考试的愿景、使命、核心价值观就是考试绩效目标指标设置的依据。要基于愿景、使命和核心价值观去思考考试事业的绩效到底怎么反映？怎样才算是让人满意的考试事业？基于人民的视角对考试有什么样的要求？这可以从六个方面进行考虑，一是考试测评体系好不好，测评质量高不高，是不是能对于人才给予合理的评价？二是考试管理公不公平，是否存在因人而异，因人评价？三是考试实施安不安全，是否存在作弊行为尤其是群体性作弊行为等不安全因素和事件？四是考试组织是否规范，有没有随意作为，缺乏标准，甚至乱作为等情况？五是考试组织方不方便，是否便于考生参考，是否有利于考试正常发挥？六是考试管理是否与时俱进，经常创新，适应时代和人才评价发展需求？这也对应六个方面的绩效反映：考试的科学性、考试的公平性（包括诚信度）、考试的安全性、考试的规范性、考试的便利性、考试的创新性等。现阶段，我国人事考试工作围绕这些方面开展了一系列工作，比如：加大命题工作力度和加强命题专家队伍建设，确保命题的分级分类、科学有效和安全保密；推进考务管理信息化保障考试安全和公平，推进失信人员联合惩戒制度和各种宣传警示教育，确保诚信考试；加紧制定和完善各项命审题和考务规范等；推进证书便利化改革，推进告知承诺制改革，推行减免各项证明改革等以提高考试的便利性，方便考生参加人事考试，等等。未来还有很多工作要做，比如：配合推进分级分类测评增强人才评价体系的科学性；进一步推进电子化证书改革和证书查询系统便利考生和用人单位及时查询使用相关信息；建立公众号和 App，顺应移动互联时代的发展推进人事考试的宣传工作和便利服务。

（3）向下任务延伸

向下任务延伸是在立足核心职能的基础上考虑设定具体的考试任务，并据此设定考试业务工作的绩效指标。为完成核心职能，D 单位年度工作计划是按时段顺利完成几十项专业技术人员资格考试的命审题、制作运输试卷、组织考试、阅卷和成绩管理、证书发放等事务性工作，做好各类考试技术支持并确保考试安全公正，在此基础上努力追求考试评价的科学性、精准性（张晓杰，2020）。由于每年的工作任务基本一致，所以中期工作计划与年度工作计划差异不大。

（4）全面细化指标

D 单位在立足核心职能的基础上，向上战略拔高确认要科学考试、公平考试、安全考试、规范考试、便利考试、创新考试，向下任务延伸确定了年度和中期基本一致的考试工作任务。对于预算绩效管理而言，还需要进一步全面细化绩效指标。具体而言，考试要立足科学、公平、安全、规范、便利、创新，则考试工作的指标体系就应该既有产出上的数量指标如报考人次、科次、命制试卷/题目数量等，也有质量指标如考试信度、效度、考务信息管理差错率等，还有时效上的考试计划完成率、成本上的年度考试服务保障经费额度等，当然还有反映维护公平公正等的社会效益指标、不同群体的满意度指标以及反映减少重复建设的经济效益指标和实施机考减少纸张使用的生态效益指标等，这些在 D 单位最终确定的模板指标方案里都有体现（张晓杰，2020）。

（5）统筹协调部门

在绩效目标指标设置上，D 单位有一个做法值得肯定和强调，那就是充分认识到预算绩效管理重点关注的是业务管理绩效而不单是财务资金管理绩效。因此，各个业务部门的全面参与和高度重视是做好预算绩效管理的重要前提。D 单位在制定模板阶段尤其注意做好规划财务部门与各个考试业务部门的沟通和协商工作，其间经历了多轮正式和非正式的沟通交流（张晓杰，2020）。预算绩效说到底是要评价预算支出产生的业务效果和满意度，没有业务部门的支撑是难以实现的，甚至业务部门的参与度应该在 90% 以上，目前财政部推荐的预算项目绩效自评分值设定上也是与财务部门相关的预算执行率仅占 10% 的权重，其他业务类指标权重高达 90%。

（6）注重集体决策

在确定绩效指标体系模板的程序上，D 单位的做法也值得肯定。在充分征集各业务部门意见并达成一致的基础上，D 单位将形成的《专业技术人员资格考试项目支出预算绩效目标及指标体系模板（审议稿）》正式提交单位班子会及党委会研究审议，经过集体决策，最终形成了《专业技术人员资格考试项目支出预算绩效目标及指标体系模板（审定稿）》。集体决策的过程不仅是争取领导认可和支持的重要环节，也是从更高层面再次统一思想和形成共识的过程，是推进预算绩效管理实施效果的必要之举。可以说，没有领导的重视和支持，预算绩效管理水平将大打折扣（张晓杰，2021）。

5.3.2 指标方案

按照“立足核心职能，向上战略拔高，向下任务延伸，全面细化指标，统筹协调部门，注重集体决策”的项目支出绩效指标制定完善的“36 字方法”，经过上述优化过程并报单位班子会及党委会研究审议通过，D 单位最终形成了《专业技术人员资格考试绩效目标及指标体系模板（审定稿）》，已按照统一的要求纳入 2020 年预算项目库，获得了上级部门的高度肯定（张晓杰，2021）。最新指标体系方案如表 5－6 所示。

表 5 - 6 专业技术人员资格考试项目支出预算绩效指标体系之 BP3 套（2020 年）

序号	绩效指标	一级指标	二级指标	三级指标	预期指标值
1	项目之考试服务保障经费（专业技术人员资格考试部分）	产出指标	数量指标	专业技术人员资格考试项目数	≥×项
2			数量指标	专业技术人员资格考试科目数	××科
3			数量指标	** 考试网站访问量	≥×亿人次
4			质量指标	考务信息管理差错率	≤1%
5			质量指标	分级分类考试测评政策实现情况	符合各种考务文件规定
6			成本指标	年度考试服务保障经费总额	××万元
7		效益指标	经济效益指标	统一考务管理系统减少重复建设	作用显著
8			社会效益指标	专业技术人员资格考试报考人数	≥×万人次
9			社会效益指标	专业技术人员资格考试报考科次数	≥×万科次
10			社会效益指标	提高政务信息（数据）共享程度	不断提高
11			生态效益指标	实施网上报名和电子化考试节约纸张成本，具备环保意义	作用显著
12			可持续影响指标	按职能稳步推进有关政策实施，探索新技术在考试中的应用，加强考试机构、人员队伍、专家队伍建设，确保不发生大的事故，逐步推进科学考试、公平考试、安全考试、规范考试，有利于实施人才强国战略	作用显著
13		满意度指标	服务对象满意度指标	主管部门和地方考试机构满意度	≥95%
14			服务对象满意度指标	推进便利化改革，规范管理流程，提升考生满意度	作用显著

（1）指标的选取与释义

该方案共选择了 14 个绩效指标，其中，产出指标 6 个（数量指标 3 个，质量指标 2 个，成本指标 1 个），效益指标 6 个（经济效益指标 1

个，社会效益指标 3 个，生态效益指标 1 个，可持续影响指标 1 个），满意度指标 2 个，从数量上讲大大精简，同时整体性和代表性上有所提高（张晓杰，2021）。那么，这些指标分别有什么含义呢？为何选择这些指标呢？

①指标的基本含义。指标的基本含义详见表 5－7。需要说明的是，指标释义主要针对该项目设定的三级指标，一级指标、二级指标与财政部给定的指标框架一致，这里不再单独解释。

表 5－7　　专业技术人员资格考试项目支出预算绩效指标释义表

序号	一级指标	二级指标	三级指标	指标释义
1	产出指标	数量指标	专业技术人员资格考试项目数	指根据人社部和有关部委发布的考试暂行规定和实施办法等文件确定的、由人社部发布年度考试计划、由财政部和发改委立项行政事业性收费的、由 D 单位组织实施的专业技术人员资格考试项目数量，单位为项
2		数量指标	专业技术人员资格考试科目数	指上述考试项目对应的、在发布的考试暂行规定和实施办法等文件中明确的专业技术人员资格考试科目数量（含主观题科目和客观题科目），单位为科
3		数量指标	** 考试网站访问量	指 ** 考试网站登录访问量，反映与 ** 考试政策咨询、报名、缴费、成绩查询、证书问询等工作相关的访问情况，单位为亿人次
4		质量指标	考务信息管理差错率	指 ** 考试考务组织尤其是考务信息系统相关的准确性，反映了考试组织的顺畅程度和差错情况，单位为百分比
5		质量指标	分级分类考试测评政策实现情况	从精准选人用人和科学测评人才的角度，要求 ** 考试实行分级分类考试测评，就专业技术人员考试而言，分级分类要求已体现在各种考务文件规定中，因此该指标体现考务文件规定的执行情况，属定性指标
6		成本指标	年度考试服务保障经费总额	指完成年度专业技术人员资格考试任务需要的总花费，单位为万元

续表

序号	一级指标	二级指标	三级指标	指标释义
7	效益指标	经济效益指标	统一考务管理系统减少重复建设	指 D 单位在整个 ** 考试系统中推进统一考务管理信息系统建设，有利于减少重复建设和资源浪费，具备较显著的经济效益，属于定性效益指标
8		社会效益指标	专业技术人员资格考试报考人数	指 D 单位全年组织的上述专业技术人员资格考试服务的考生人数，以考试信息系统报名缴费人数为准，单位为万人次，属于定量效益指标
9		社会效益指标	专业技术人员资格考试报考科次数	指 D 单位全年组织的上述专业技术人员资格考试对应的考试科次数（因为大多数考试跨年滚动实施，科次数不单纯等于人数 × 文件规定科目数），以考试信息系统报名缴费科次数为准，单位为万科次，属于定量效益指标
10		社会效益指标	提高政务信息（数据）共享程度	指 D 单位通过统一考务管理和统一信息系统实现数据向上集中不断提高政务信息尤其是考试数据的集中并可共享于国家其他政务服务，如用于国税系统个人所得税附加扣除中关于继续教育相关信息的共享查询等，属于定性效益指标
11		生态效益指标	实施网上报名和电子化考试节约纸张成本，具备环保意义	指 D 单位通过实施网上报名和电子化考试减少纸质试卷印制，通过协同办公减少纸质文件流转等节约纸张，具备显著的环保意义，属于定性效益指标
12		可持续影响指标	按职能稳步推进有关政策实施，探索新技术在考试中的应用，加强考试机构、人员队伍、专家队伍建设，确保不发生大的事故，逐步推进科学考试、公平考试、安全考试、规范考试，有利于实施人才强国战略	指 D 单位按职能稳步推进有关政策实施，探索新技术在考试中的应用，加强考试机构、人员队伍、专家队伍建设，确保不发生大的事故，逐步推进科学考试、公平考试、安全考试、规范考试，有利于实施人才强国战略，属于定性效益指标

续表

序号	一级指标	二级指标	三级指标	指标释义
13	满意度指标	服务对象满意度指标	主管部门和地方考试机构满意度	指D单位组织专业技术人员资格考试对应的主管部门及地方考试机构的评价情况，单位为百分比
14		服务对象满意度指标	推进便利化改革，规范管理流程，提升考生满意度	指D单位组织专业技术人员资格考试对应的考生评价情况，考虑到考生可能因为考试成绩高低扭曲评价结果，因此转化为定性指标，关注D单位主动作为，提升考生参考的获得感和满意度，属于定性效益指标

②选择指标的考虑。在前面细化指标中也提到，选择指标主要是基于职能，结合战略分析和任务延伸而确定。具体如下（张晓杰，2020）：

a. 产出指标中的三个数量指标分别代表了考试项目数、科目数和网站访问数量，反映了基本工作任务的完成情况，有明确的数据支撑。选择前两个指标能够反映D单位整体完成专业技术人员资格考试产出情况，比过去内部各业务部门提出的完成某项考试的命题量等指标更有代表性，也更全面，选择第三个指标则能够比较直观地反映考生的关注程度和使用相关考试服务的频次。

b. 产出指标中的质量指标分别代表了考试命题和考务工作质量，反映了考试命题的科学性及考务工作的规范性、安全性和公平性，有一定数据支撑，但现阶段主要以定性评价为主。选择这两个指标有一定的阶段妥协，不是最完美的指标，尤其对于考试科学性的体现还不够理想，但符合现阶段的工作现状和能达到的目标，避免好高骛远形成错误的绩效引导。

c. 产出指标中的成本指标代表了完成职能工作所需要的总经费耗费，反映的是完成职能工作的成本，有明确的数据和账务资料支撑。选择这个指标，一方面是对过去分散的有关成本的一些指标的整合，体现了整体思维；另一方面也有一定的阶段妥协，理想地反映考试成本的指标应该是单价指标（可以实现横向纵向等多维比较），比如对应每个考生的人均考务成本，但现阶段受制于考试管理模式、成本核算、行业成本标准缺乏、预算经费保障不足等问题，暂时只能选择总额指标，至少可以实现纵向比较且可以与考试收费、预算安排等对比，有较高的参考价值。

d. 效益指标中的经济效益指标代表了考试组织所带来的资源节约和避免浪费效应，属于定性效益指标。选择这个指标是考虑整个 ** 考试系统不只有中央级的 D 单位一家，还有 31 个省、自治区、直辖市以及副省级市考试机构和更下层级的地市（州）级考试机构以及部分县市级考试机构，数量庞杂，自成系统。过去在考务管理信息系统方面均自行建设、各自投入、互不关联，造成了极大的资源浪费。近年来 D 单位通过在全国推进统一考务管理信息系统建设，加强相互联网、数据传输、指挥平台对接等工作，减少了重复建设，一定程度上避免了资源浪费，具有明显的经济效益。

e. 效益指标中的社会效益指标有 3 个，前 2 个代表了服务考生人数及对应的考试科次数，属于定量效益指标，有明确的数据支撑，能较好地反映 D 单位服务社会考生的情况；第三个指标代表了 D 单位通过数据集中而可共享于国家其他政务服务的情况，属于定性效益指标，符合当前关于提高政务信息（数据）共享的要求。

f. 效益指标中的生态效益指标代表了 D 单位通过实施网上报名和电子化考试减少纸质试卷印制，通过协同办公减少纸质文件流转等节约纸张情况，具备显著的环保意义，属于定性效益指标。

g. 效益指标中的可持续影响指标代表了 D 单位按职能稳步推进有关政策实施，探索新技术在考试中的应用，加强考试机构、人员队伍、专家队伍建设，确保不发生大的事故，逐步推进科学考试、公平考试、安全考试、规范考试，有利于实施人才强国战略，属于综合定性效益指标。

h. 满意度指标分别代表了主管部门、地方考试机构、考生对于考试服务的满意程度，考察反馈基本是全方位的，但在指标设置上有一定的阶段妥协和量化妥协，主要是面向考生的满意度指标担心考生评价因为考试成绩高低可能扭曲评价结果，因此转化为定性指标。关注 D 单位主动作为，提升考生参考的获得感和满意度，属于定性满意度指标，从 D 单位采取的旨在提高考生满意度和获得感的一些举措来评判，如推进告知承诺制和证书便利化改革等。

综上所述，可以说这些指标的选择是经过深思熟虑的，既符合财政部关于绩效指标设置的整体框架要求，也具有业务的整体代表性、典型性和针对性，能较好地反映 D 单位完成专业技术人员资格考试项目的绩效情况，同时因为只有一个项目，且属于常规职能，项目的绩效在较大程度上反映了单位的整体绩效情况。

（2）指标的权重设置思考

基于全过程预算绩效管理的需要，预算绩效指标设置还需要考虑后续绩效监控、绩效自评和评价、绩效结果应用等，为了使后续评价工作和前端目标设置保持一致并形成较好的指标对工作的推进作用，建议后续监控、自评及评价指标也主要采用前述绩效指标，同时在选定指标的基础上进一步考虑指标的权重设计。在绩效指标权重设计上，考虑财政部统一框架建议，同时结合指标的代表性、可量化程度、支撑材料详尽程度、指标设置妥协度等方面综合分析，全面反映上述绩效指标的因素和影响程度，最终确定指标权重，分析思路如下：

首先，根据财政部统一框架确定除预算执行情况（10 分）外的指标值总分 90 分。

其次，第一层次的一级指标包括产出指标、效益指标和满意度指标，根据影响程度确定分值权重分别为 50%、30% 和 10%，分别为 50 分、30 分和 10 分，这个分值与财政部统一框架的建议分值保持一致。

再次，第二层次的二级指标需要按三个方面分别说明：

产出指标总分50分，3个数量指标因为指标的代表性好、可量化程度高、支撑材料详尽建议总权重为60%，平均分配各10分；2个质量指标因为可量化程度低、指标设置妥协度高建议总权重为20%，平均分配各5分；成本指标因为指标的代表性好、可量化程度高、支撑材料详尽建议权重为20%，即10分。

效益指标总分30分，指标最具代表性的属社会效益指标，建议总权重为66.67%，其中，可量化程度最高、支撑材料最详尽的2个量化社会效益指标建议总权重为53.34%，平均分配每个各8分，可量化程度偏低的定性社会效益指标权重为13.33%，即4分；经济效益指标、可持续影响指标因为可量化程度偏低建议指标权重均为13.33%，各4分；生态效益指标因为代表性偏弱、可量化程度偏低建议指标权重为6.67%，即2分。

满意度指标总分10分，2个指标分别考查不同对象的满意度，第一个指标可量化但指标代表性偏弱，第二个指标虽不好量化但对象针对性更强，建议平均分配权重各50%，即各5分。

最后，对上述分析进行汇总整合，折算成对应总分值的权重分值，形成D单位专业技术人员资格考试项目支出预算绩效指标权重分值建议表，如表5-8所示。

表5-8　专业技术人员资格考试项目支出预算绩效指标权重分值建议

序号	绩效指标	一级指标	二级指标	三级指标	建议权重	建议分值
1	项目之考试服务保障经费（专业技术人员资格考试部分）	产出指标（50分）	数量指标	专业技术人员资格考试项目数	10%	10分
2			数量指标	专业技术人员资格考试科目数	10%	10分
3			数量指标	** 考试网站访问量	10%	10分
4			质量指标	考务信息管理差错率	5%	5分
5			质量指标	分级分类考试测评政策实现情况	5%	5分
6			成本指标	年度考试服务保障经费总额	10%	10分

续表

序号	绩效指标	一级指标	二级指标	三级指标	建议权重	建议分值
7	项目之考试服务保障经费（专业技术人员资格考试部分）	效益指标（30分）	经济效益指标	统一考务管理系统减少重复建设	4%	4分
8			社会效益指标	专业技术人员资格考试报考人数	8%	8分
9			社会效益指标	专业技术人员资格考试报考科次数	8%	8分
10			社会效益指标	提高政务信息（数据）共享程度	4%	4分
11			生态效益指标	实施网上报名和电子化考试节约纸张成本，具备环保意义	2%	2分
12			可持续影响指标	按职能稳步推进有关政策实施，探索新技术在考试中的应用，加强考试机构、人员队伍、专家队伍建设，确保不发生大的事故，逐步推进科学考试、公平考试、安全考试、规范考试，有利于实施人才强国战略	4%	4分
13		满意度指标（10分）	服务对象满意度指标	主管部门和地方考试机构满意度	5%	5分
14			服务对象满意度指标	推进便利化改革，规范管理流程，提升考生满意度	5%	5分

（3）指标方案的改进之处

相比前两套指标体系，最终形成的模板体系改进之处在于：一是突出了绩效指标的宏观性，是站在单位整体角度思考考试工作应该有的绩效目标及指标，而不是站在内部各个业务部门的角度设置具体的工作绩效目标及指标，指标更具概括性，比如不再列一些仅反映某个业务处室命题量而不反映整体考试情况的指标，不再着眼处室角度而是着眼单位整体角度。二是突出了绩效指标的科学性，也是考试科学性的体现，只有综合考虑考试整体工作而不是某个命题或阅卷环节方能设置考试的信度、效度等测评指标，也避免了因处室及人员变动带来的指标不稳定性。三是突出了绩效指标的引导性，由于是专项业务费项目，年度指标变动并不大，可以确定适应于多年的指标体系模板，增强指标体系的效能，有利于减轻未来的工作量，同时能为业务工作提供更明确的目标引导。四是注重前瞻性与现实性相结合，表 5－8 列示的指标不是反映科学考试、公平考试、安全考试、规范考试、便利考试、创新考试的全部指标，只是当前和今后一段时间可以实现的指标，这符合指标既要有前瞻性，也要有现实性的要求，一味设置高指标并不合理。如为了体现纯正的科学考试，盲目设置理想标准的考试信度、效度、区分度、难度指标等，短期内无论如何都无法实现，则反而失去了绩效管理的意义。

（4）指标方案存在的问题

需要说明的是，上述指标方案并非完美版本，还存在一些问题：主要是部分指标设置不得不存在一定的阶段妥协，部分指标的可量化程度不高，部分定性指标的支撑材料详尽程度略低，个别指标的代表性还不是很强等。阶段妥协的问题需要靠未来各方面工作的提升一并改进，如待考试行业预算标准确定后可以相应制定单价成本指标；量化问题不能强求，也不能一味追求量化陷入“指标固恋”（metric fixation）；定性指标的支撑材料和评价依据需要完善，通过和业务部门沟通，有针对性地准备相关支撑材料，并可以逐渐完善；个别指标如生态效益指标的代表性虽然不是特别强，但也反映了一定的问题，一定时期内还可以继续使用，待时机成熟再作大的调整。

5.3.3 应用情况

D 单位最终形成的专业技术人员资格考试预算项目绩效目标及指标体系模板，取得了一定的应用效果。一是直接应用于 2020 年当年的预算项目申报和入库，获得上级主管部门的高度肯定，相应部分指标纳入部一级项目预算绩效指标体系。二是应用于此后的绩效监控及评价，在这个环节所有指标体系相对稳定，存在的问题是部分指标值的设定还不够完备，由于缺乏全方位的行业标准，且指标提出是基于单位的整体层面，有一些指标的取值需要汇总整合调整，必要时还要剔除异常因素，不如以部门为单位提出指标更直接便利。这个问题的解决依赖于后续行业标准不仅仅是成本标准的持续完善。三是应用于D单位除专业技术人员资格考试之外的其他人才评价类考试并适当考虑其特点。四是未来推进应用于人才评价类考试行业，这一应用目前还处于非官方的交流学习阶段，由于我国考试机构分设严重，种类繁多，机构属性、考试规模、考试类别、管理模式、预算保障、项目设置均有较大差异，短时间统一项目支出预算绩效目标指标体系还存在很大困难，但大家对于这一模板的思路较为认可，人才评价类考试考务规程基本一致，这为后续推广应用奠定了基础（张晓杰和徐涛，2023）。

5.4 预算标准的阶段性成果及不足

5.4.1 预算标准的阶段性成果

考试考务费预算标准编制初步形成《中央部门职业资格考试考务费项目预算编制标准（试行）》（过程稿，以下简称《标准》），包含三个部分内容：《标准》正文、中央部门考试考务费项目预算方案编制规范、中央部门专业技术人员职业资格考试考务费项目预算标准表。

（1）《标准》正文

《标准》明确了适用范围、预算构成、预算标准。该标准主要适用于中央财政资金安排、部委考试机构组织开展的专业技术人员职业资格考试。考试考务费项目预算由命题、报名、制卷、组织实施、评阅卷、证书制作、信息化建设等七个部分的费用构成，并明确了各部分主要工作内容和支出范围。

（2）中央部门考试考务费项目预算方案编制规范

统一规定了部门申报考试考务费项目的方案内容，主要包含项目单位情况、项目基本信息、项目实施依据、主要工作内容、资金预算、项目绩效管理、其他需说明事项七部分内容，并规范了预算申报文本和填写说明。鉴于篇幅，这部分省略。

（3）中央部门专业技术人员职业资格考试考务费项目预算标准表

针对中央部委考试机构所涉及的命题、制卷、阅卷等共性活动和支出要素设定了预算标准，并明确了预算数量控制要求。预算标准表由预算明细、计量单位、预算标准、数量控制等组成。其中，预算明细是考试考务主要支出内容，预算标准是预算单价的控制上限，数量控制是预算数量和任务的计量规则。具体如表 5－9 所示。

表 5－9　中央部门专业技术人员职业资格考试考务费项目预算标准表

序号	费用预算构成		计量单位	控制设置	预算标准	数量控制	备注
一	命题阶段						
（一）	征题费						
1	方式 1：按题量计	一类题	元/成题	≤	一级建筑方案设计 4000 元/成题；二级建筑方案设计 1000 元/成题；一级、二级建筑师作图题 600 元/成题	按考试当年每考试学科试卷题量的 3～4 倍计算	其他考试有类似大型案例的，预算申报时需提供详细资料以供验证
		二类题	元/成题	≤	200	按考试当年每考试学科试卷题量的 3～4 倍计算	
		三类题	元/成题	≤	50	按考试当年每考试学科试卷题量的 3～4 倍计算	

续表

序号	费用预算构成		计量单位	控制设置	预算标准	数量控制	备注
2	方式2：按工作天数计	专家劳务费（高级专业技术职称人员）	元/人·天	≤	1500	每考试学科人数：按每个二级学科不少于2人，每命题组按6～14人计算；天数：3～5天	
		专家劳务费（其他专业人员）	元/人·天	≤	1100		
		命题绘图	元/人·次	≤	3500～4000	一次命题1～2人	
		聘用人员	元/人·天	≤	200	每次每考试学科人数：聘请人员2～3人；天数：3～5天	
（二）	初审费						
1	方式1：按题量计	二类题	元/成题	≤	150	按考试当年每考试学科试卷题量的2～3倍计算	
		三类题	元/成题	≤	40	按考试当年每考试学科试卷题量的2～3倍计算	
2	方式2：按工作天数计	专家劳务费（高级专业技术职称人员）	元/人·天	≤	1500	每考试学科人数：按每个二级学科不少于2人，每命题组按6～14人计算；天数：3～5天	
		专家劳务费（其他专业人员）	元/人·天	≤	1100		
		聘用人员	元/人·天	≤	200	每考试学科人数：聘请人员2～3人；天数：3～5天	

续表

序号	费用预算构成		计量单位	控制设置	预算标准	数量控制	备注
（三）	终审费	专家劳务费（高级专业技术职称人员）	元/人·天	≤	1500	每考试学科 人数：按每个二级学科不少于 2 人，每命题组按 6 ~ 14 人计算； 天数：3 ~ 6 天	
		专家劳务费（其他专业人员）	元/人·天	≤	1100		
		聘用人员	元/人·天	≤	200	每次每考试学科 人数：聘请人员 2 ~ 3 人； 天数：3 ~ 6 天	
（四）	校对费	专家	元/人·天	≤	1100	每考试学科 人数：按每个二级学科不少于 1 人，每校对组按 3 ~ 6 人计算； 天数：2 ~ 3 天	
		聘用人员	元/人·天	≤	200	每考试学科 人数：聘请人员 2 ~ 3 人； 天数：2 ~ 3 天	
（五）	入闱补助费	参与人员	元/人·天	≤	700	适用于 24 小时入闱命审题、校对专家及相关技术人员，人数和天数按命题、初审、终审、校对考务组织入闱计划进行申报	

续表

序号	费用预算构成		计量单位	控制设置	预算标准	数量控制	备注
（六）	保密费	参与人员	元/人·套	≤	400	按参与命审题、校对专家和本单位人员的数量确定，每套试卷同一人只能发放一次	试卷的套数是指各考试科目最终形成考试试卷的数量（含备用卷）
（七）	场地租赁费（命审题、校对环节）	按不同场地规格列项	元/场·天	≤	执行中央和国家机关定点会议场所中标价	按命题、初审、终审、校对阶段工作计划，命题工作需租赁各规格场地的数量确定	
（八）	差旅费	参与人员		≤	执行中央和国家机关差旅费管理办法相关标准	人数：命题、初审、终审、校对阶段参与的专家、本单位工作人员、外单位工作人员数； 天数：命题、初审、终审、校对阶段的计划天数加1天计算	以工作方式进行的集中会审费用按差旅费标准执行
（九）	试卷语言翻译费	翻译人员	元/份	≤	8000	按每考试学科需要翻译的语言种类及需翻译的试卷数量确定	
二	制卷阶段						
（一）	委托印制及分装费		元/份	≤	按合同协议价	每考试学科的试卷印制份数按上年报考人数×报考增长率×1.05计算	1. 已包含被委托单位含的保密、保管、印制、运输等所有费用。 2. 含5%的备用试卷印制
（二）	试卷及答题卡运输	运输费（含押运人员费用）	元/次	≤	按合同协议价	多项考试在同一时间运输的只按一次计算	

续表

序号	费用预算构成		计量单位	控制设置	预算标准	数量控制	备注
（三）	校对和监制人员劳务费	专家	元/人·天	≤	1100	按考务组织计划校对、监印的人数和天数进行申报	
（四）	入闱补助费	参与人员	元/人·天	≤	700	适用于 24 小时入闱制卷的人员，按考务组织入闱计划入闱人数和天数进行申报	
（五）	保密费	参与人员	元/人·套	≤	400	按参与命审题、校对专家和本单位人员的数量确定，每套试卷同一人只能发放一次	
（六）	差旅费	本单位人员		≤	执行中央和国家机关差旅费管理办法相关标准	按部门年初计划本单位人员制卷工作出差人数、天数（来回 2 天）和次数进行申报	
三	组织实施阶段						
（一）	培训费		元/人·天	≤	中央和国家机关培训费管理办法	按部门年初计划组织考试培训人数和天数进行申报	
（二）	巡考劳务费		元/人·天	≤	700	按部门考试计划中巡视省份数、巡视人数、考试天数进行申报	
（三）	考试期间值班劳务费	专家现场值班	元/人·天	≤	700	人数：每考试学科 1～2 人；天数：考试天数	

续表

序号	费用预算构成		计量单位	控制设置	预算标准	数量控制	备注
（四）	差旅费	本单位人员		≤	执行中央和国家机关差旅费管理办法相关标准	按部门年初计划本单位人员在巡视工作中出差人数和天数进行申报	
四	评阅卷阶段						
（一）	试评卷						
1	试评卷劳务费（含标准答案制定）	专家劳务费（高级专业技术职称人员）	元/人·天	≤	1500	每考试学科 人数：按每个二级学科不少于2人计算。 天数：3天	
		专家劳务费（其他专业人员）	元/人·天	≤	1100		
		专业技术人员	元/人·天	≤	500	数量：根据考试规模，按参与阅卷管理、阅卷服务人员的人数和天数确定	
		聘用人员	元/人·天	≤	200	根据计划聘请阅卷管理、打字和修改评分标准人员的人数和天数确定	
2	试评卷场地租赁	规格：20人以内	元/场·天	≤	3200	每万科次（参考的人科次）每天按70～100个机位控制，考试时长在3小时以内的取下限，考试时长在3小时以上的取上值	
		规格：20～50人	元/场·天	≤	4300		

续表

<table>
<tr><th>序号</th><th colspan="2">费用预算构成</th><th>计量单位</th><th>控制设置</th><th>预算标准</th><th>数量控制</th><th>备注</th></tr>
<tr><td>（二）</td><td colspan="7">阅卷</td></tr>
<tr><td>1</td><td colspan="7">方式 1：委托阅卷</td></tr>
<tr><td rowspan="2">（1）</td><td rowspan="2">考试试卷扫描与网络阅卷技术服务费</td><td>客观题科目</td><td>元/份</td><td>≤</td><td>固定费 20000 元/套 + 变动费 1.1 元/份</td><td>数量：上年报考人数×报考增长率</td><td rowspan="2">1. 已包含被委托单位含的保密、保管、扫描等所有费用。
2. 每张已包含正反两面</td></tr>
<tr><td>主观题科目</td><td>元/份</td><td>≤</td><td>基价：固定费 20000 元/套 + 变动费 4.2 元/份（含 3 张 A3 规格答题卡）；增量：3 张以上答题卡每增加 1 张答题卡每份增加 1 元</td><td>数量：上年报考人数×报考增长率</td></tr>
<tr><td>（2）</td><td>评阅卷费（双评方式）</td><td>主观题科目</td><td>元/份</td><td>≤</td><td>10</td><td>上年报考人数×报考增长率</td><td>标准采用双评方式组织阅卷</td></tr>
<tr><td rowspan="2">（3）</td><td rowspan="2">雷同卷筛查</td><td>客观题科目</td><td>元/卷种</td><td>≤</td><td>20000</td><td>根据考试要求，按计划需要甄别的考试学科涉及的卷种确定</td><td></td></tr>
<tr><td>主观题科目</td><td>元/题·份</td><td>≤</td><td>0.4</td><td>根据考试要求，按计划需要甄别的考试题型及题量确定</td><td>标准采用双评方式筛查</td></tr>
<tr><td>2</td><td colspan="7">方式 2：直接组织阅卷</td></tr>
</table>

续表

序号	费用预算构成		计量单位	控制设置	预算标准	数量控制	备注
(1)	阅卷劳务费	阅卷组长	元/人·天	≤	1100	数量：根据考试规模，按计划阅卷的专家人数和天数确定	
		阅卷专家	元/人·天	≤	800		
		专业技术人员	元/人·天	≤	500	数量：根据考试规模，按参与阅卷管理、阅卷服务人员的人数和天数确定	
		聘用人员	元/人·天	≤	200	根据计划聘请阅卷管理、打字等人员的人数和天数确定	
(2)	评阅卷场地租赁	规格：20人以内	元/场·天	≤	3200	每万科次（参考的人科次）按70~100个机位·天控制，考试时长在3小时以内的取下限，考试时长在3小时以上的取上值。 按需租赁各规格场地的数量确定	适用于主观题科目
		规格：20~50人	元/场·天	≤	4300		
		规格：50~100人	元/场·天	≤	8600		
		规格：100人以上	元/场·天	≤	17000		
(三)	差旅费（评阅卷环节）	参与人员		≤	执行中央和国家机关会议费管理办法相关标准	人数：试评卷工作、阅卷工作参与的专家、本单位工作人员、外单位工作人员数； 天数：试评卷工作、阅卷工作的计划天数加1天计算	以工作方式进行的集中会审费用按差旅费标准执行

注：（1）预算标准中的劳务费预算标准不包含个人所得税。

（2）预算标准每天工作时间按8小时核定。

（3）命题阶段的预算标准适用于题库建设。

（4）本标准表中数量控制是组织一次考试的数量标准；存在一年多考的考试项目，应根据工作次数按标准累加编制预算。

5.4.2 预算标准阶段性成果仍存在的问题及建议

通过考试考务费预算标准制定的过程，可感觉到制定标准的不易，尤其是要统一不同部门的标准存在很大障碍，主要是因为各部委所分管的不同考试在组织管理上存在细致区别。以命题为例，从方式上讲，有的需要入闱，有的非入闱集中命题，有的分散命题；从命题时间上，学科命题大多数 3 ~5 天可以完成，但也有一些需要 6 ~7 天，有的甚至要分早中晚 3 个时段，远远超出 8 小时标准工时。因此，对于标准的制定按照成本环节无限细化是很难的，甚至是不好操作的，建议未来逐步采取打包制定成本的办法来解决。第一阶段可以尝试使用上述分阶段分环节明确成本的做法，积累一定经验后可以尝试对部分环节进行打包定价，比如组考成本的确定，在组织考试阶段，除列示培训费、巡视劳务费、考试期间值班劳务费、差旅费外，还可以考虑增加“考试实施成本”费用项目，涵盖考场租赁费、组考费、监考费、巡考费、联动协调人员劳务费、技术服务费等，这些费用项目与组织考试直接相关，可以与考生报考人数挂钩实行打包定价（张晓杰和徐涛，2023）。考虑到当前越来越多考试采取机考方式，机考所需租赁的考场比普通纸笔考试的考场租赁费高出很多，同时对监考人员也有要求，需要增加一定的技术人员且整体需要技术服务支出，因此“机考考试实施成本”远高于“纸笔考试实施成本”。根据 D 单位考试系统地方考试机构实际组织考试的历史成本测算，组考打包成本可以确定为：机考考试实施成本为 70 元/人（数量按报考科次测算），纸笔考试实施成本为 50 元/人（数量按报考科次测算）。运行一段时间后，待积累了足够的经验和成本资料，考试成本标准还可以考虑整体打包定价，即涵盖命审题试卷阅卷等全成本的定价，确定为 X 元/科次。当然，考虑到不同考试报考科次数差异较大可能导致成本有差异，也可以实行分阶段阶梯定价模式，这与当前阶段考试收费的定价模式是一致的，有利于收支对应分析，是一种可行的操作思路。

5.5 事业单位项目支出全面预算绩效指标体系优化机制设计

根据《中共中央、国务院关于全面实施预算绩效管理的意见》（中发〔2018〕34号）（以下简称中发34号文），在构建全方位预算绩效管理格局中，明确提到："实施政策和项目预算绩效管理。将政策和项目全面纳入绩效管理，从数量、质量、时效、成本、效益等方面，综合衡量政策和项目预算资金使用效果。对实施期超过一年的重大政策和项目实行全周期跟踪问效，建立动态评价调整机制，政策到期、绩效低下的政策和项目要及时清理退出。"这是行政事业单位实施项目支出预算绩效管理的总依据，也是开展预算绩效指标体系优化工作的基本要求。

除了政策要求外，要明确预算绩效指标体系设置不是新生事物，要遵从一般的总体原则；预算绩效指标体系也不是孤立的，它要依托于业务内容和单位工作而存在，结合案例分析和实践工作我们也会给出一些具体建议；预算绩效指标体系设置是全面预算绩效管理的一部分，是单位整体工作的一部分，需要若干配套举措，也需要全面预算绩效管理水平的提升，通过分析我们相应给出一些建议。

5.5.1 总体原则

依据中发34号文，行政事业单位要强化绩效目标管理并健全绩效标准体系，这是开展项目支出预算绩效指标体系优化的总要求。前者强调“各地区各部门编制预算时要贯彻落实党中央、国务院各项决策部署，分解细化各项工作要求，结合本地区本部门实际情况，全面设置部门和单位整体绩效目标、政策及项目绩效目标。绩效目标不仅要包括产出、成本，还要包括经济效益、社会效益、生态效益、可持续影响和服务对象满意度等绩效指标。各级财政部门要将绩效目标设置作为预算安排的前置条件，加强绩效目标审核，将绩效目标与预算同步批复下达。”后者强调“各级财政部门要建立健全定量和定性相结合的共性绩效指标框架。各行业主管部门要加快构建分行业、分领域、分层次的核心绩效指标和标准体系，实现科学合理、细化量化、可比可测、动态调整、共建共享。绩效指标和标准体系要与基本公共服务标准、部门预算项目支出标准等衔接匹配，突出结果导向，重点考核实绩。创新评估评价方法，立足多维视角和多元数据，依托大数据分析技术，运用成本效益分析法、比较法、因素分析法、公众评判法、标杆管理法等，提高绩效评估评价结果的客观性和准确性。”要落实这些要求，结合 D 单位人才评价类考试项目预算绩效指标优化的案例，我们认为行政事业单位预算绩效指标体系设置优化的总体原则可以参照绩效考核的 SMART 原则（每个字母代表不同单词，S 代表 specific，M 代表 measurable，A 代表 attainable，R 代表 relevant，T 代表 time - bound），该原则旨在帮助员工更清晰、高效地完成工作任务，同时也为管理层提供了一套明确的评估目标和标准，以便进行员工绩效考核。这使考核过程更加科学和规范，确保了考核的客观性、透明性和平等性，具体如下：

（1）绩效指标必须是具体的

在 SMART 原则中，S 代表“具体性”（specific），意味着绩效评估应针对明确的工作目标，避免模糊不清。这要求绩效目标必须用确切的术语来界定，确保行为和成果的标准是明确无误的。根据这一原则，目标设定应包含具体的项目、评估指标、实施策略、时间框架以及所需资源，以使评估者能够清楚地了解部门或单位每月计划的具体任务和预期完成的标准。

（2）绩效指标必须是可以衡量的

在 SMART 原则中，M 代表“可衡量性”（measurable），意味着绩效目标应当是可量化或可行为化的，并且能够获取验证这些目标的数据或信息。实施此原则要求目标的测量标准应当遵循“可量化则量化，不可量化则行为化”的原则，确保目标设定者和评估者之间有一个一致的、标准化的、清晰的衡量基准，避免使用含糊不清、无法量化的形容词。目标的可衡量性应从数量、质量、成本、时间以及上级或客户的满意度五个维度进行考量。如果这些维度无法衡量目标，可以考虑进一步细化目标，将其分解为子目标，并再次从上述五个维度进行衡量。若仍然无法衡量，则可以通过流程化的方法，将实现目标的工作流程分解，从而使目标变得可衡量。

（3）绩效指标必须是可以实现的

在 SMART 原则中，A 代表“可达成性”（attainable），意味着设定的绩效目标应当是在付出合理努力后能够实现的，既不应过于雄心勃勃，也不应过于简单。实施此原则时，需要员工全方位沟通和参与目标的设定，确保所制定的工作目标在组织和个人层面上都能得到认同和一致。目标应当既有挑战性，又具有实际可行性。可以设定需要努力才能达成的目标，类似于“跳起来摘桃”，但应避免设定那些不切实际的目标，如“跳起来摘星星”，同时也不应设定那些轻而易举就能完成的目标，比如“躺着摘桃”。

（4）绩效指标要与其他目标具有一定的相关性

在 SMART 原则中，R 代表相关性（relevant），指绩效指标与工作的其他目标是相关联的，与职能工作也是相关联的。如果实现了这个目标，但与其他的目标完全不相关，或者相关度很低，那这个目标即使被达到了，意义也不是很大。毕竟工作目标的设定需要与岗位职责紧密结合，不能跑题。这一总体原则的实施要求包括：目标设置要站位更高，全面梳理各项工作与整体战略和核心职能的关系，也要梳理目标与上级单位乃至政府部门整体的关系，做到目标高度相关，最终实现与政府绩效指标系统高度相关，协调一致，最大程度发挥政府部门整体效能。

（5）绩效指标必须具有明确的时限

在 SMART 原则中，T 代表“时间限定性”（time - bound），强调绩效目标的完成应有一个明确的截止日期。这意味着目标设定必须包含具体的期限，例如，规定在特定日期如××××年×月×日前完成某项任务。没有明确期限的目标难以进行有效评估，且可能导致评估过程的不公正。实施此原则时，目标应设定明确的期限，同时根据任务的紧迫性和重要性来规划完成时间，并定期监控进度，以便及时调整工作指导和计划，确保能够适应可能出现的任何变化。

最初，SMART 指标主要用于组织、个人或部门的目标管理与评估（如行政绩效和人力资源绩效）。随着时间的发展，它也被广泛应用于预算绩效目标的设定和管理。

5.5.2　具体建议

从 D 单位 2016 年到 2020 年专业技术人员资格考试财政预算项目及预算绩效目标指标体系设置并不断调整完善的过程，不难看出要科学设置预算绩效目标及指标体系并不容易，也难以一蹴而就。当然这只是一个基层单位的情况，为了更全面地反映问题，课题组还翻阅了最近几年财政部网站公示的中央及地方预算绩效目标指标体系设置情况，详细搜集了某中央部门和某省级区域项目支出绩效目标指标设置情况，应该说看到的情况也并不很乐观。同时，结合东部某发达副省级市下属各单位项目绩效目标审核的咨询工作资料也可以看到绩效目标指标体系设置水平参差不齐的状况。可以说，目前各单位虽然已经做到了所有的项目均设置绩效目标及指标的基本要求，但实践中还存在不少问题，例如：有的绩效目标和指标体系不具备代表性或者说过分关注项目特点而缺少与部门整体战略目标和核心职能的关联性；有的项目设置不合理导致绩效目标指标体系形同虚设；有的指标设置片面追求数据导向，仅为了好评审而设置；有的项目指标设置不科学，缺乏正确合理的引导性和前瞻性，如一些一流学科建设过分强调论文发表数量、引进专家数量等指标，会导致越容易的领域做得越多，研究做得越多、表面越前沿的越热闹，冷门而必需的、长期基础性的领域反倒没人关注或者很容易坐冷板凳多年；还有的项目指标设置缺乏横向可比性导致后续评审困难等。如此推算，由各个基层单位逐级汇总形成的一级部门乃至政府整体绩效目标及指标体系的科学性水平也是有待提高的。要全面推进预算绩效管理，行政事业单位是重点，项目支出也是重要的组成部分，课题组具体提出如下改进和优化设置的建议。

（1）全面预算绩效目标及指标设置优化宜更关注宏观性而非微观性

全面预算绩效目标及指标设置的初衷是反映一个单位或一个项目使用财政资金完成工作应达成的绩效，细化的指标应具有整体宏观性和职能相关性，而不是侧重微观性注重过多的指标数量。然而，在全面预算绩效管理工作初期阶段，由于缺乏经验及相应指导，在财政部文件明确给出绩效指标体系构成的前提下，各单位在设置指标时基本上“照葫芦画瓢”围绕每类指标都列了一些，导致每个项目的绩效指标数量奇多，后续工作量很大也分散了注意力，反而不利于突出反映核心绩效内容。例如有些单位设置的项目很多，每个项目的绩效指标主要是就这个项目本身设置的，对于该项目与单位整体职能发挥和绩效体现的关系关注不够，往往演化成单位内部某项工作或某个部门的绩效，而这可能对全面预算绩效的考察是不利的。同时，这一略显教条式的做法也很容易忽略指标体系的科学性，忽视对于单位职能和整体绩效关系的考虑，各单位更倾向于从操作简便的角度出发设置一些微观有余而宏观不足的指标。

(2) 全面预算绩效目标及指标设置优化要整合精简项目数量

在全面绩效管理的初期阶段对每个项目设置绩效目标及指标体系是可以的，有利于引导大家形成预算绩效意识，培养良好的绩效评价习惯，然而工作量也是非常大的。就目前已入库的项目情况看，预算项目数量还是很大。粗略统计，中央部门二级项目超过 7 万个。某直辖市教育委员会 2019 年汇总本级及下属单位的项目数就达到 917 个，涉及金额 54. 11 亿元。某中央部委 2020 年汇总本级及下属单位共 158 个项目，涉及金额 5. 28 亿元。某省级财政 2020 年汇总 37 个部门共上报重点专项一级项目 91 个，二级项目 807 个，涉及金额 350 亿元。这些数量还是在近年不断精简和清理项目之后的结果，可见总量之大。这在一定程度上导致项目支出的全面预算绩效评价难以实施，目前仍以大家开展绩效自评为主，而这对于完善项目绩效目标及指标体系的作用较小。因此，未来建议进一步整合精简项目数量，围绕单位职能确定常规必要项目，减少不确定性和随机性项目数量，在此基础上逐渐从项目支出绩效自我评价转向外部评价，一个阶段后逐步减少项目支出绩效评价量而重点转向部门整体评价，这样既可以集中精力也不会失了大的方向。

(3) 全面预算绩效目标及指标设置优化考虑与战略和职责任务等的对接

这包含几个层面的对接：一是与国家战略对接；二是与部门职责对接；三是与现阶段规划任务（如“十四五”规划）和年度重点任务对接；四是与政府工作报告中相关要求对接；五是与上级部门指标体系对接。只有各方面对接好了，才能实现绩效指标设置的准确定位和科学合理。当然这些对接对于不同部门、不同项目而言都是不一样的，没法一一进行阐述，但建议每个项目设置优化绩效目标指标时应该按此思路进行思考。下面以与上级部门指标体系的对接和定位为例进行说明。按照目前的财政预算体系，财政预算包含了中央预算和地方预算，中央预算由各中央部门汇总部门预算，地方预算由各省级政府汇总政府预算，以中央预算为例再往下一级，中央部门再汇总二级单位、三级单位直至基层单位的预算，而各单位的预算又包含了基本支出预算和若干项目预算。相应地，各基层单位在设置本单位项目全面预算绩效目标及指标体系时，除考虑自身的操作外，在当前强调部门主体责任的情况下，也要重点考虑某一个项目在单位整体职能中的地位，在上级单位项目预算中的地位，在一级部门项目预算中的地位，只有这样，一级部门汇总的项目才能反映整体情况。如果各个项目都只考虑自身的便利操作而不考虑宏观体现，则汇总起来的项目很难从下级指标体系中抽取出合适的绩效指标，还要重新设置一级部门汇总项目绩效指标，不仅重复工作，而且可能两者产生冲突导致部分工作无效。比如 D 单位人才评价类考试绩效指标中服务考生数量对接上级部门人才队伍建设中的实现指标数量，进一步对接人才强国战略的一项举措。

（4）发挥预算部门和单位积极性是克服财政部门绩效信息弱势的重要抓手

在绩效信息方面，预算部门和单位相比财政部门和第三方机构均具有较强的信息优势，也具有更强的信息处理能力和足够的实践经验，它们更熟悉业务工作的相关信息，更了解本职工作领域内的政策要求、发展趋势、业务内容、工作流程、成本测算、资金需求等。预算部门和单位的信息优势决定了推进预算绩效管理改革必须要注重预算部门和单位的参与和能动性发挥，财政部门要重视各部门的作用，并加强信息收集和交流，通过评比表彰、听证评审等手段引导预算绩效指标体系设置水平提升，加强信息联通共享，开发全面预算绩效系统。就各单位而言，也要注意发挥业务部门的能动性，不是单纯地只有财务部门参与全面预算绩效管理。发挥部门主责作用的做法在山东省绩效管理取得了良好效果。

（5）全面预算绩效目标及指标体系设置要注重反映业务核心效果

这部分特别强调全面预算绩效目标及指标体系设置对于核心业务效果的反映，应该是全面、客观、相关、可衡量、可实现的，是对项目业务工作的指标化反映。具体来说，一是要综合业务指标、财务指标和效益指标，体现绩效目标管理与行业中长期规划、部门工作重点等的整体联动性；二是要做到定量指标与定性指标相结合，不单纯为追求量化好测评而丧失对结果导向的关注，很多体现结果效益的指标短期内未必可以直接量化，但社会影响、可持续影响等确实非常重要的信息，值得在指标上加以开发和反映；三是要兼顾挑战性和可操作性，反映业务工作的长远努力方向和现实状况的关联；四是指标设置要具备科学性和可比性，在科学反映业务核心成果的基础上，相关指标设置应具有相对稳定性和可比性，便于不同时期开展对比分析，以利于发现问题，优化工作。

（6）全面预算绩效目标及指标体系设置还有进一步提升的空间

行政事业单位项目支出全面预算绩效目标及指标体系设置并不是一蹴而就的，也不是一劳永逸的，需要与时俱进，根据情况适当调整，也需要结合未来的发展提出引导性意见。比如在政策与项目的选取上注重效果导向的影响，注重与绩效标准的结合，注重对成本效益的关注等。就专业技术人员资格考试绩效目标而言，当前确定的《专业技术人员资格考试项目支出绩效目标及指标体系模板（审定稿）》还只是阶段性成果，未来在质量指标上基于科学考试的目标还可以改变目前笼统的表述而引导提出更明确的考试信度效度科学性等指标，在成本指标上还可以改变目前项目总成本的表述而结合预算支出标准和考试成本管理等测算提出考试单价成本等更精确的指标，当然这在很大程度上依赖于行业成本标准的制定及完善。

（7）项目立项要进行可行性研究，梳理出全面预算绩效指标体系

对于行政事业单位而言，除了已有项目尤其是反映常规业务的专项

业务费项目预算绩效目标和指标体系优化之外，项目支出全面预算绩效指标体系优化机制还应该考虑新项目立项的绩效指标体系设置优化。新设项目往往对应新增加的职能或新变化的情况，更需要考虑与战略、规划等的对接，也更要从源头上加强指标的优化设置，建议从项目的可行性研究论证阶段就认真考虑项目要实现的合理目标以及科学指标，进而梳理出可用和可行的绩效指标体系，为后续项目立项入库及绩效自评、监控等奠定基础，让新的项目与生俱来就是追求绩效导向的。

（8）资产全面预算绩效指标体系有待进一步完善

对于行政事业单位而言，资产的全面预算绩效是比较薄弱的环节，又是各个单位都会涉及的内容，因此建议重视并进一步完善资产全面预算绩效指标体系。在推进全面预算绩效管理的大格局中，国有资产管理既是中观层面上面向所有单位的共性要求，也是各个基层单位都要使用和开展管理的内容。相对于政府采购、国库管理、政府会计改革等内容，国有资产管理近年的改革是相对滞后和不足的，整体国有资产使用效益是偏低的，甚至有些是严重浪费的，为此在推进项目支出全面预算绩效指标体系优化上，要高度重视资产绩效指标体系的优化，包括资产的成本效益、资产的利用率、资产的调剂率，尤其是一些直接形成高价值资产的项目在指标设置上要突出资产的绩效指标。当然，对于其他一些不形成资产的项目尤其是常规的费用化的项目，为避免削弱绩效指标对核心职能等的反映，并不建议增加过多的资产指标，可以在成本标准明确的基础上体现资产业务产出比这类的综合性指标，以反映行政事业单位使用国有资产完成业务工作的效率。

总的来说，全面预算绩效目标及指标体系设置的重要性不言而喻，设定科学、合理的全面预算绩效目标是设置绩效评价指标、选择评价方法和确定评价标准的重要基础，也是准确反映预算资金经济性、效率性和效益性的基本前提。做好全面预算绩效目标及指标体系设置，既是对整体业务目标及效果的准确反映和描述，反过来也会促进整体业务工作水平不断提升。正如管理学上常常强调的“你测度什么，便得到什么”!

5.5.3 配套举措

行政事业单位要优化项目支出全面预算绩效目标指标体系，不仅需要对指标体系设置本身的总体原则和具体技术细节予以关注，而且需要一系列配套措施予以保障。一个单位的绩效好坏，指标反映很重要，但没有扎实的绩效管理基础和全方位的重视配合，也很难有好的指标表现。为此，我们建议行政事业单位在以下方面做好配套建设:

（1）顶层领导重视

顶层领导重视是做好行政事业单位全面预算绩效管理工作的前提，没有领导重视很难做好这项工作。一方面，这项工作表面上看是近几年财政部乃至党中央国务院层面才提出来的新要求，但实际上所要求的底层工作基础都是一直存在的，与各单位日常的业务工作密不可分，只是提出了更明确的考核细化要求；另一方面，全面预算绩效管理主要指向的是全方位的工作，不是某一个部门牵头填填表就能很好地实现效果的，如果全部领导或部分领导不重视，就有可能在指标设置上有欠缺，进而工作内容和导向上也可能有偏颇，这都是不利于全面预算绩效目标指标体系优化的，也使工作推进不顺利。

（2）业务部门配合

业务部门配合是做好行政事业单位全面预算绩效管理工作的基础，没有业务部门配合将很难保障工作效果。全面预算绩效管理是全方位的绩效管理，不仅仅是财务部门的绩效管理或财政资金的绩效管理，还主要是业务绩效管理，即关注和聚焦单位业务工作应该达成的绩效状态。为此，全面预算绩效目标和指标应主要反映业务工作的绩效指标，这一点离不开业务部门的配合。在这方面，业务部门不仅仅是配合填表和提供数据，而且要真正理解全面预算绩效管理的精神实质，结合业务工作深入认真分析、合理设置绩效指标体系，既贴合工作要求，又符合设置要求，实现这一点并不容易，可能需要数年持续的摸索和优化。

（3）财务部门专业

财务部门专业是做好行政事业单位全面预算绩效管理工作的保障，没有专业的财务部门，就无法有效统筹各个业务部门，就无法有效把关全面绩效指标设置效果，也无法保障全面绩效管理工作有序推进。实施全面预算绩效管理是一项近几年比较全新的工作，大家都没有多少工作经验，而且由于是财政系统发起并主管，到各个单位也是财务部门牵头这项工作，对业务部门而言难免会觉得是额外的工作负担，且可能对工作提出新的要求，未来还需要考评，会存在一定的抵触心理，这给工作推进带来了很大的难度。这种时候如果财务部门不够专业，统筹能力不够强，那么工作推进会很不顺畅，更别说工作效果的提升了。为此，只有全面提升财务部门的专业水平和统筹能力，才能更好地争取领导对全面预算绩效管理的理解和支持，也才能有效地引导各部门正确认识绩效管理工作，最终更好地保障全面预算绩效管理工作效果。

（4）评判标准统一

评判标准统一是做好行政事业单位全面预算绩效管理工作的关键，没有统一公认的绩效标准，全面预算绩效指标体系的赋值将变得随机且失去控制，也可能导致绩效管理和绩效考核失去意义。从全面预算绩效管理角度看，评判标准统一至少包含业务标准统一和成本标准统一两大方面，前者需要分行业分领域确定，主要是行业业务工作的执行标准；后者可以由财政部门、主管部门甚至单位自身制定，如果涉及跨部门的特定领域，也需要按行业领域制定，这是各部门单位制定预算、执行预算、后续成本绩效考核的基础和依据。目前来看，我们国家在标准制定上还需要加大力度，这项工作本身就颇具挑战，且周期很长。以考试行业为例，由于涉及跨部门的考试机构设置，尽管各家考试机构组织考试的基本环节一致，但具体做法上各有不同，加之缺少更上层级的牵头部门，导致行业业务标准统一不易实现，甚至难以启动；成本标准上，经过近 2 年的时间，目前各家考试机构已就某些标准达成了初步的共识，但仍有一些不同意见，推进上也还需要财政预算部门的认可，真正推出还需时日。此外，这种细化到环节和细节的成本标准制定方式也还存在弊端，后续还有完善的空间，比如实施打捆定成本等。

（5）激励与约束机制

激励与约束机制对于确保行政事业单位全面预算绩效管理的成功至关重要，这与目标管理的理念不谋而合。彼得·德鲁克在 1954 年的《管理的实践》中首次提出了“目标管理”这一概念，他主张以目标设定为起点，以目标达成的评估为终点。工作成果不仅是衡量目标完成度的基准，也是人事评价和奖励的依据，成为衡量管理绩效的核心指标。在目标管理中，上级对达成目标的具体手段、路径和方法的干预较少。因此，在目标管理体制下，监督的角色被最小化，而对目标实现的控制力度则被强化。对于行政事业单位的全面预算绩效管理，同样可以借鉴这一理念，重视基于绩效成果的奖惩机制，做到奖惩分明，以此促进对全面预算绩效管理的正确理解和正面反馈，增强工作的积极性和主动性，同时培养对资源的尊重和效率意识，主动提升预算绩效成果，这正是我们追求的目标。

（6）目标导向合理

合理的目标设定是行政事业单位全面预算绩效管理成功的关键，这与目标管理的核心理念相呼应。目标管理侧重于构建一个以目标为核心的体系，将组织的总体目标细化为各级单位和员工的具体目标，确保权力、责任和利益的明确对应。这些目标相互衔接，协同作用，共同构成一个协调一致的目标网络。只有每个成员都实现了自己的细分目标，组织的整体目标才可能达成。反之，一个不当的目标导向在逐层分解时可能无法获得各级的认同，影响实施效果。在推行全面预算绩效管理时，其核心目标应是提高各单位的绩效效率，而非单纯削减预算资金。如果预算绩效管理的目标只是为了减少预算，那么可能会削弱各单位的积极性，最终影响整体的实施成效。

（7）人员素质提升

人员素质提升是做好行政事业单位全面预算绩效管理工作的人才保障，人的因素是做好任何工作都不可或缺的要素。目标管理重视人人参与、自我控制，预算绩效管理作为一项较新的工作，专业性很高，对各单位业务人员和财务人员的素质要求都很高。各单位应该重视这方面人才的招录和培养，在人才配备上增加财政学、预算管理、会计学、管理学等方面的专业人才，在工作中注重增加财政财务绩效管理类培训机会以提升专业素质，当然在专业素质之外，领导力、协调力等综合素质也要不断提升。

5.5.4 关于全面预算绩效管理的建议

行政事业单位项目支出全面预算绩效指标体系设计优化属于预算绩效管理中的一部分，要做好这项工作也不是孤立的，需要全面预算绩效管理的优化提升，在学习发达国家成功的预算绩效经验的基础上，我们建议我国在推进全面预算绩效管理过程中做好以下三个方面：

（1）强化绩效责任

当前，我国推进全面预算绩效改革的力度不可谓不大。中共中央、国务院联合发布中发 34 号文，凸显了重视程度，后续配套制度也提出了全面预算绩效管理与预算安排挂钩、纳入年度考核、纳入人大监督、向社会公开等做法，可以说一定程度上考虑了绩效责任的问题。不过在推进效果上还需加强，目前影响最直接的绩效与预算安排挂钩又因为资金保障不足、预算整体压减而效果大打折扣。后续建议进一步强化绩效责任，一方面继续落实上述制约措施；另一方面通过签订《绩效责任书》等方式提高预算单位的责任意识，尤其是主要负责人的责任意识，这对于巩固和提升全面预算绩效是有着重要意义的。只有具备了绩效责任意识，行动上才可能考虑去优化或改进。

（2）明确绩效奖励

我国确保改革成果迫切需要优化奖惩机制，建立正向激励循环，强调基于信任的责任机制，适当下放权力，优化管理模式。当前各级政府都要求满足公众需求提供良好的公共服务，这对各部门各单位提出了良好绩效的要求，但正向激励循环尚未建立，主要依靠问责压力等手段保障，有的还可能存在管死控死、越节约资金越压减预算的“逆向激励”，这在很大程度上抑制了改革的成果。为了避免约束有余而激励不足带来的问题，实践中，应该既让马儿跑，也让马儿有草吃，还要让马儿自由快乐、主动积极地管好用好草。未来，在新型公共管理体制下，试行预算绩效包干制，给予资金灵活配置权乃至实施“利润共享”不失为一种可能的尝试！

（3）弥补绩效赤字

预算赤字是熟悉的概念，每年国家财政预算都要考虑赤字安排和弥补的问题，古今中外大多如此。然而绩效赤字的概念我们很少提起，但现实中确实存在这样的问题，主要表现为社会公众对于政府绩效的不满意，或者对于政府执政行为的不肯定，这在突发社会事件或累积较多社会矛盾时尤为突出。为此，迫切需要采取措施弥补绩效赤字，这是一个系统工程。

第6章

全面预算绩效管理机制的推进与完善

6.1 事业单位全面预算绩效管理工作存在的问题

建立全面预算绩效管理制度是我国财政体系和事业单位管理改革的重要组成部分，旨在提高预算编制的效率和预算执行的科学性，进而优化财政资源分配，实现社会福利的最大化。然而，在事业单位实施全面预算绩效管理的过程中，仍面临不少挑战。例如，事业单位的工作人员对全面预算绩效管理的理解不足，加上管理层对该制度的重视不够，导致该管理制度在实施中形式化，参与度低，执行不严格，考核流于形式。具体而言，一些单位在预算编制中存在项目过于复杂、科目设置不合理、评价指标单一和结果应用不实际等问题。因此，准确识别并总结事业单位在实施全面预算绩效管理中遇到的问题，对于推进该体系的建设，构建更科学、更合理的预算管理体系，具有重要的理论和实践价值。

6.1.1 工作人员的预算编制和绩效管理理念需要更新

设立事业单位的目的是能够向社会提供某些特定领域的公共服务，多与国民经济和社会发展相关联，并以增加国民福利、满足我国人民群众日益增长的物质文化生活需要为目标。因此，事业单位通常具有服务性和公益性的特征，把提升社会效益放在首位。长期以来，事业单位提供公益服务的经费主要来源于财政拨款，按事项进行运营经费的申报，并在预算的基础上安排符合政策要求的经费支出，故事业单位工作人员在进行资金安排时较少考虑其效益性，即便选择效益低下的项目也在所难免。以上情形意味着，事业单位人员对预算绩效管理的考虑有限，难以胜任新时期的全面预算绩效管理工作，具体表现为：部分工作人员对于绩效自评表的设置比较随意，没有以绩效目标为出发点考虑预算工作，也有部分业务人员仍保持传统思想，认为预算仅仅是财务人员的工作，并不需要全员的参与。

6.1.2 预算编制的内容需要更加详实

全面预算绩效管理是一项涵盖广泛且具有挑战性的任务，它囊括了绩效目标的前期设定、指标体系的构建、项目入库、预算编制、执行、监督，以及绩效评价、考核和结果反馈等多个环节。这使事业单位在实际操作中可能会遭遇预算执行的难题，削弱机构对绩效管理的投入，导致预算绩效管理制度难以得到有效实施。理论上，预算绩效评价应在预算编制阶段通过深入分析项目和结合总体工作目标来制定科学、量化的绩效指标。但在实际操作中，事业单位可能会因为预算编制的时间限制、绩效目标的匆忙制定、预算管理内容的不详尽、上级审核的不严格以及指标设置的不合理，使绩效指标失去其科学性和合理性。这导致预算目标与单位的发展规划、财务状况及未来预测无法有效对接，增加了预算管理体系与实际执行之间的偏差。这种偏差导致预算执行时无法严格遵循预算编制计划，对于超支、无预算支出和随意支出等情况，难以进行有效的控制和管理。

6.1.3 预算绩效监督与评价环节需要加强

构建一个严谨、全面且高效的全面预算绩效管理体系，首要任务是确保考核过程及其结果的透明度、公正性和公平性，并对考核过程进行详尽的记录和信息公开。依据事业单位的实际运作情况，结合机构为员工制定详尽的考核准则和评分体系，对员工进行针对性和连续性的评估。根据考核结果，对员工实施明确的奖惩措施，以增强执行力，减少预算执行的偏差。然而，目前事业单位在部门预算评估中主要采取自我评估的方式，对员工从预算编制到执行，再到反馈的全过程进行评价。这种方法主观性强，评估难度大，导致年度工作考核结果的弹性较大，参考价值往往有限。此外，事业单位需要对预算执行的全过程进行日常监督，以减少各环节的随意性和主观性。预算监督是一项持续的工作，需要建立长期的监督机制。但是，目前事业单位普遍缺乏持续的动态跟踪过程，部门间的协调不足，导致全面预算绩效管理的效果未达到预期。

6.2 数字技术应用于全面预算绩效管理的可行性分析

习近平总书记指出："数字技术正以新理念、新业态、新模式全面融入人类经济、政治、文化、社会、生态文明建设各领域和全过程，给人类生产生活带来广泛而深刻的影响。当前，世界百年变局和世纪疫情交织叠加，国际社会迫切需要携起手来，顺应信息化、数字化、网络化、智能化发展趋势，抓住机遇，应对挑战。"但结合目前诸多调查研究结果来看，我国较多事业单位的全面预算绩效管理考核机制仍采用传统方式，并没有充分利用数据时代提供的信息技术，致使预算考核结果的可参考性及科学性较差。那么，在数据时代背景下，如何将数据技术应用于事业单位的全面预算绩效管理系统是社会各界需要关注与探讨的重点问题。

6.2.1 大数据技术应用于全面预算绩效管理的可行性分析

当前我国事业单位普遍表现出对大数据时代下全面预算绩效管理工作重要性的认识不够深入，缺乏与之相关的管理知识；机构对大数据人才的培养不够重视，部门管理工作模式比较传统等问题，这些都严重阻碍了事业单位全面预算绩效管理机制有效性的充分发挥，降低了财政资源的配置效率。目前处于从 IT 时代向 DT 时代的转变，借用大数据技术进行分析将会对推动全面预算绩效管理起到不可替代的作用，有助于构建科学的预算绩效评价指标体系。因此，在事业单位中将全面预算绩效管理体系与大数据技术相互融合，首先，有助于转变全面预算绩效管理工作的运行模式，完善预算管理绩效指标，如采用大数据手段对各类别指标分别进行筛选，并予以分析整理，可由此总结出最契合单位自身发展需要的评价制度；其次，有助于提升大数据专业人才的储备，可以请教优质企业大数据技术精英进行现场指导，以大数据分析理论知识与实践知识的传播形式给予在岗人员一定的启发，或者通过对在职人员进行业务培训，从源头上解决各部门工作人员对大数据在预算管理工作中应用的忽视问题，以使大数据推动构建科学预算绩效管理体系的论断深入到工作的各个角落；最后，有助于提升单位全面预算绩效管理评价的效率，加快信息评估与反馈的速度。面对当前数据的爆发式增长，各地政府都在加快数据云端管理模式建设，并通过构建信息共享网络的方式，使机构与机构之间以及机构内部的实时监控成为可能。大数据技术加持下的信息反馈过程明显具有及时性和高效性特点，能对事业单位的预算绩效进行实时和综合分析，及时挖掘预算管理过程中出现的问题并督促相关部门进行整改，大大节约了人工收集、整理、分析、评价以及反馈机构预算管理情况的时间，是各经济体值得投入与创新管理的有效工具。

6.2.2 区块链技术应用于全面预算绩效管理的可行性分析

区块链技术融合了加密技术、点对点通信、共识机制和数据存储等多项功能，形成了一种通过集体维护确保数据库可靠性的去中心化和信任最大化的技术方案，目前已成为众多机构在预算管理创新中的主要应用技术。对于事业单位而言，区块链技术在构建全面预算绩效管理体系中的主要优势在于解决内部预算信息不透明和信息失真等普遍问题。其优势主要体现在：首先，增强了事业单位预算信息的透明度和信息安全，区块链技术能够在一定范围内公开各层面的数据信息，实现信息共享，便于监督预算执行，提高财政资源配置效率和信息应用能力。其次，区块链技术的信息修改需要控制超过 51% 的数据信息节点，否则无法修改，这在很大程度上确保了数据的安全性。再次，区块链技术具有信息可追溯性，其分散的数据信息库记录了所有数据的输入输出，每个区块都带有时间戳，记录了信息的录入时间，使事业单位可以通过时间查询追溯每一节点的数据信息。最后，区块链技术的去中心化特性有助于减少传统中心机构和人工预算工作，简化交易流程，同时保证信息安全，提升事业单位的经营效益。

6.2.3 云计算技术应用于全面预算绩效管理的可行性分析

在新时代背景下，云计算的出现同样也为各事业单位实现数字化、智能化经营转型创造了可能性。云计算技术通过“云”基础设施将庞大的数据处理任务分割成众多小型程序，这些小程序由多台服务器协同处理和分析，从而迅速将结果反馈给用户，实现对海量数据的快速处理。因此，将云计算技术融入机构的全面预算绩效管理，实现全面预算管理信息化，已然成为提升社会价值创造、支撑单位各部门决策能力的新趋势。那么，事业单位便可通过构建一套切实可行的、具有精细化特点的预算绩效管理机制，结合云计算技术，确保全员参与，以实现单位预算与经营一体化、预算主体多样化等，并增强对海量信息的处理与分析效果。这些均已成为事业单位日后开展全面预算绩效管理信息化建设的重要发展方向。具体而言，云计算技术的应用：首先，能够助力提升事业单位的预算编制水平。云计算技术将单位上下级关系进行有效结合，通过平台进行预算的分配和共享，同时上传数据结构类型不同的信息，不仅提高了部门人员编制预算的效率，也丰富了绩效指标编制的内容，大大增强单位全面预算绩效管理的质量。其次，促进单位上下级人员间的沟通与交流。传统的预算编制过程往往呈现出各部门之间孤军奋战，缺乏科学以及密切的交流，导致上级人员难以准确评估预算编制以及执行结果的好坏，无法及时调控预算偏差。云计算实质上可以说是一个信息共享中心，为各部门之间以及单位内外部搭建一个交流平台，实时分析预算与实际发生之间的差异并进行及时调整，可将全过程中的人为因素干扰降至最低，从而提升单位全面预算绩效管理的透明度与效能。最后，提升事后评价结果的客观性和准确性。事业单位可依托云计算技术来考核预算的编制与执行结果，不仅能统一各部门考核标准，提高预算绩效评价结果的客观性和准确性，同时也能为后续年度部门工作人员的绩效考核提供依据。

6.3 数字技术下事业单位推进全面预算绩效管理的建议

6.3.1 健全事业单位全面预算管理原则及目标设置

全面预算绩效管理是全面预算管理体系的重要内容之一。事业单位在推进预算绩效管理机制的过程中，首先要确定本单位最终需完成的绩效目标，如此才能有效地展开各有关部门的管理工作。关于单位预算目标的制定通常有以下两个要求：一是预算目标应当是单位的全体员工通过共同努力、齐心协力才能实现的目标，且该目标既要具备创新性，又要具有一定的挑战性，只有这样才能激发员工的个人潜能，起到正向的引导和激励作用。二是该预算目标要符合单位内外部发展环境，并且切实可行。也就是说，事业单位在确定预算目标时，不能定得过高，脱离了自身的实际发展状况，会打击到各单位人员执行的积极性和创造性；同时也不能定得过低，否则会使单位难以对现有资源进行合理配置以及充分地规划。因此，事业单位的预算目标应当以其各项目标责任指标为导向，将目标责任指标贯穿预算管理的全过程，还要建立健全事业单位的全面预算组织架构，明确全面预算管理原则，以防止预算管理松散，预算目标的编制、执行、考核等各个环节流于形式。

6.3.2　借助数字技术进行预算编制

传统的全面预算编制以往年数据信息为基础展开，严重降低预算编制的准确度，进而产生一系列负向的连锁反应，扭曲财政资源的配置效率。而数字信息时代的到来，使事业单位可借助信息化数字应用平台，分析相关行业数据和自身的历史实际执行情况，并通过比较这些数据，编制出科学、适应单位实际发展的预算内容和评价指标。也就是说，将信息化技术应用于事业单位的全面预算管理体系，有利于提高该单位的预算管理效率，强化内外部控制与监督水平，最终实现预算的数字化、自动化和智能化。数字技术，包括大数据、区块链和云计算等，能够为事业单位提供对其整体预算编制的即时监控能力，记录和量化分析数据，辅助事业单位制定出更加精准的管理决策。特别是以 DeepSeek 为代表的人工智能技术的颠覆性发展，可显著提升行政事业单位预算绩效管理效率。在编制阶段，可优化预算预测和自动生成指标；在执行阶段，可实时监控、智能审批；在评估阶段，可智能生成报告并溯源；在决策支持阶段，可精准预测、优化资源、协同部门。为了达到这一目标，事业单位需要优先发展全面的信息化基础设施，特别是涉及数字技术的硬件和软件资源，以确保全面预算绩效管理机制的顺利实施。同时，还应注重培养精通预算编制、执行和监督的专业人才，以满足事业单位在预算管理和业务发展方面的需求。此外，还需建立一套标准化的信息管理规范，明确预算执行和监督流程，确保信息技术应用的规范性和有效性。

6.3.3 强化全员参与以严格执行预算指标

在全面预算管理体系中，预算的执行和监督管理构成了核心部分，它们使事业单位在资金运用上能够实现更细致和科学的管理，进而提升财政资金的使用效率，优化经济和社会效益，并实现最大化。绩效考核与预算执行的紧密结合，通过绩效评估来优化预算执行方案，从而提升管理成效。但在传统观念下，大多数人认为预算管理仅是单位财务人员的工作，与各部门其他人员无关。而全面预算管理始终坚持“以人为本”的原则，认为事业单位的预算管理工作应做到人人参与、大家参与、充分参与，要积极调动各部门及员工实现全面预算管理目标的主动性和创造性。因此，事业单位可以通过培训和教育来提升预算执行人员的专业能力和素养，强化他们的责任心和敬业精神，以确保预算执行的高标准和高效率。同时，将全面预算绩效管理融入预算执行的每个环节，构建一个系统的绩效评价指标体系，对预算执行进行严密监控，迅速识别绩效问题，并调整优化预算执行策略，以确保绩效目标的最优实现。在绩效评价的实际运作中，事业单位应将预算指标细化分解，建立一个全面的预算执行责任体系，并利用大数据、财务信息等资源对预算执行进行监控。随后，严格对照预算指标进行评估，确保评价结果的精确性和公正性。

6.3.4 严格执行全面预算绩效考核制度

绩效评价机制管理同样也是全面预算绩效管理的重要环节。严格要求事业单位在全面预算绩效管理工作中落实各部门工作人员的责任，对预算编制、预算执行等相关信息弄虚作假的人员，严肃追究其责任，并采取严格的处分措施，而针对那些恪尽职守、做事认真、工作效率非常高的单位工作人员给予一定程度的奖励。也就是说，事业单位要追求严格的奖惩制度。除此之外，事业单位在对全部工作人员进行绩效考核时，应坚持公开、公平、公正的原则，依据财政预算的实际情况，结合预先设定的预算考核指标对各预算执行责任人及科室进行考核，设置相应的考核细则及评分标准，并按照考核结果，对其实施相应的奖惩。此外，事业单位可运用数字化技术实施监督管理，这在很大程度上提高了单位各部门的工作效率和工作完成度，还能够强化全面预算绩效管理的考核以及相应的监督问责机制。

第7章 研究结论及展望

全面预算绩效评价指标体系的构建一直是一项全球性的挑战，它面临着一些固有的矛盾：一方面，监管机构虽然积极推动，但可能缺乏对一线和基层单位实际情况的深入了解；另一方面，基层单位虽然对实际情况有深刻理解，但在应对时往往处于被动状态。此外，还存在指标旨在促进工作与实际可能导致工作扭曲之间的矛盾，以及评价部门倾向于制定严格的指标与被评价部门倾向于制定宽松指标之间的矛盾。这些矛盾共同构成了全面预算绩效评价指标体系设计和实施中的复杂性。随着研究的推进，发现全面绩效管理是一个大课题，有的实践取得了良好效果，如华为，有的则导致工作扭曲，如有些医生不肯接诊影响其成功率的疑难病例。全世界大多数政府和管理部门倾向于推动绩效管理，但也有不同声音，西方不少研究指出了绩效管理尤其是指标管理所带来的负面问题，过度量化已经在威胁当今的商业、社会和生活。抛开这些问题，可见对全面预算绩效指标设置及优化进行研究具有现实意义，本书聚焦行政事业单位项目支出预算绩效指标体系研究取得了阶段性成果，对基层单位设置优化指标体系具有一定借鉴意义，同时因为行业差别、项目庞杂、标准缺乏、精力有限等制约，我们的研究也存在一定的局限性，未来在标准制定、行业推广、效果保障等方面还需要全面发力，根本上是要把好事办好，规避指标陷阱，优化指标体系，强化奖惩激励，实现目标管理。

7.1 研究结论

7.1.1 全面绩效评价不能简单套用现有的共性指标体系

在探讨本书所涉及的四类事业单位时都不能简单地生搬硬套现有的指

标体系。尤其是像A院团这样正处于战略转型期的单位，它们具有多重属性和独特的价值创造机制，同时具备公益性和经营性。若仅采用财政部《预算绩效评价共性指标体系框架》中的通用指标来评价这些单位的整体支出绩效，可能会遇到以下问题：评价过程过于简化，评价范围不够广泛，评价深度不足，以及评价的前瞻性有限。这样的评价方式难以全面反映院团在改革发展中实现“双效统一”政策目标的具体情况，也难以科学合理地评估院团改革发展战略职能的实施效果以及财政资源配置的效率。因此，需要更为细致和针对性的评价体系来准确衡量这些事业单位的表现。

7.1.2 平衡计分卡对全面绩效评价具有较好的适用性

平衡计分卡作为一种战略导向的绩效评价工具，具备双重角色：一是评估业绩；二是管理战略。这种模式能够综合政府投资和客户需求，从而扩展绩效评价的广度。它还能深入探究业绩成果的根本原因，为业绩改进提供明确方向，增强绩效评价的深度。此外，平衡计分卡将改革发展的战略目标与绩效评价的目标和指标紧密结合，引导机构通过有效执行战略来提升绩效，延伸评价的远景，并与院团的整体支出绩效评价及高校“双一流”建设绩效评价高度一致。

基于平衡计分卡的院团绩效评价体系将院团的收支全面纳入绩效管理的范畴，从预算单位这一责任主体的角度出发，对整体支出绩效进行考量。该体系将通往总体战略目标的绩效指标划分为不同部分，探索不同部分之间的因果逻辑，以及同一部分内战略目标与设定指标之间的因果联系。通过内在的逻辑假设，这些指标被有机地联系起来，有效控制业务流程和监督绩效成果，形成一个循环的绩效平衡发展模式，在院团中得到了有效的应用。

7.1.3 全面预算绩效指标设置的“关键十问”

整个实践工作和课题研究过程中，我们一直在思考什么样的指标才算是好指标，全面预算绩效指标设置要注意哪些问题，在这里一并归纳为全面预算绩效指标设置的“关键十问”，供大家讨论并共同完善。这10个问题清单包含了个体指标设置要考虑的4个问题和指标整体设置要考虑的6个问题及初步思考，具体如下：

（1）（个体指标）是不是具有代表性？

思考：每一个全面预算指标的选取都要考虑其对战略、愿景的价值和对单位职能、任务的代表性。不好高骛远，但也不坐井观天。

（2）（个体指标）是不是具备可量化性？

思考：考虑选取的全面预算指标是不是具备可量化性，如不能量化的要考虑以怎样的方式赋分，比如可以考虑以定性描述方式划分不同等级赋分，也可以按照不同进度赋分等。

（3）（个体指标）是不是具备可验证性？

思考：考虑选取的全面预算指标是不是具备可验证性，这主要考虑支撑材料的支撑力度，支撑力度越大，可验证性越强，指标对绩效的价值就越大。

（4）（个体指标）是不是存在妥协？

思考：考虑选取的全面预算指标以及指标赋值是不是存在妥协，是不是最理想状态，是每个基层单位需要斟酌的问题，这涉及目标的导向性问题，有些最理想的指标在实践中因为现实的制约可能带来误导，阶段性的适当妥协更具有现实意义，指标没有最好，只有更好，适合的才是最好的。

（5）（指标整体）是不是面面俱到？

思考：全面预算指标整体设置不一定要面面俱到，建议框架里从产出数量、产出质量、产出时效、产出进度、产出成本到经济效益、社会效益、生态效益、可持续影响再到满意度，不一而足，全面系统，基层单位在设置时要综合考虑代表性、可量化性、可验证性、可行性等方面，不盲目照搬照抄，也不以偏概全，以免带来欺骗性结果。

（6）（指标整体）是不是越多越好？

思考：全面预算指标整体设置不是越多越好，还要考虑工作量、成本和质量。绩效指标设置也要考虑“绩效”，关键是能够合适地反映需要反映的“工作绩效”。这在近几年工作实践中已有体现，自上而下都在要求各部门各单位精简优化绩效指标，减少指标数量，优化指标质量，提高指标清晰度。

（7）（指标整体）是不是全面量化？

思考：不仅个体全面预算指标选取需要考虑可量化性问题，全面预算指标整体设置也要把握好量化的度，能量化的尽量量化，不能量化的也不强求，总体建议可量化指标占比以超过60%为宜，毕竟可量化的最具有说服力。但也不能一味强调全面量化，或为了量化而量化，避免陷入过分量化的“指标固恋”，带来扭曲、转移、取代、分心和阻挠的后果以及“上有政策下有对策”的指标应对扭曲效应。

（8）（指标整体）是不是具有推广性？能否自上而下直接借鉴？

思考：全面预算指标整体设置是不是能够推广值得在设置阶段就去思考，尤其是要刻意设置一些具备推广或延伸价值的指标，这样不仅对于本单位，而且对于整个行业系统乃至整个预算系统都有意义，既提升了指标的可比性，也提升了预算绩效管理的价值。当然，因为行业的差异性和项目的庞杂性，很多指标自上而下直接借鉴有难度，能借鉴的大多数只能是笼统的框架指标。

（9）（指标整体）是不是第三方机构帮助编写？

思考：全面预算指标整体设置是不是可以找第三方机构帮助编写是我们一直考虑的一个问题，实践工作中，我们就碰到了第三方机构因为不了解单位的实际情况而随意编制、调整指标，指标理解和标准因人而异等问题。然而现实中很多部委和单位是借助第三方机构的，有的甚至全盘交办，这是不合理的。绩效指标设置需要最了解情况的本单位人员操作。美国预算绩效说明中明确提出“防止私人承包商撰写战略规划和绩效计划”“战略规划、战略计划和绩效报告的撰写只能由联邦工作人员完成”。欣喜地看到，我国财政部于2021年2月发布了《关于委托第三方机构参与预算绩效管理的指导意见》（财预〔2021〕6号），明确指出“合理确定委托第三方机构开展预算绩效管理工作范围，对自评等不宜委托第三方机构的工作实行负面清单管理”。该意见指出不得委托第三方机构承担的事项：“坚持委托主体与绩效管理对象相分离，禁止预算部门或单位委托第三方机构对自身绩效管理工作开展评价。对于绩效目标设定、绩效运行监控、绩效自评等属于预算部门或单位强化内部管理的事项，原则上不得委托第三方机构开展，确需第三方机构协助的，要严格限定各方责任，第三方机构仅限于协助委托方完成部分事务性工作，不得以第三方机构名义代替委托方对外出具相关报告和结论。”

（10）（指标整体）是不是与评价指标一致?

思考：全面预算指标整体设置与评价指标保持一致是更为合理经济的选择。目前实践中往往评价部门按照评价的思路设置指标，预算部门按照工作的思路设置指标，难免存在“指标权衡博弈”和因为认识不一致导致工作导向偏差的“鸡同鸭讲”问题，且带来了较大的工作量。按照前述思路设置优化指标后，我们认为评价指标可以直接采用，把评价工作变成对单位自评工作的复核和审计，双方目标清晰，思路一致，对话会更为通畅。

7.2 研究局限

本书一部分重点是如何优化全面预算指标，有哪些优化设计机制，但难点是如何把好事办好，其中包括效果保障、行业标准、案例推广、考评指标、跨部门（单位）协调等都不容易，这也契合世界性难题的说法。课题研究中，我们明显地感觉到存在行业差别、地域差异、项目庞杂、标准缺乏等制约因素，但因短时间内精力有限，无法对所有制约因素全部突破，只能结合案例进行一定分析。案例项目存在一定的个体性，只是万千一般性公共预算项目中的一个，不能代表所有类型的项目，同时各单位管理存在差异，也不能完全代表本行业。

7.3 研究展望

基于前述结论和研究局限，未来需要在标准制定、行业推广、效果保障等方面着力，切实提高全面预算绩效指标的“绩效和价值”，不仅满足于完成当前的工作（这个目前已经完成，各单位各项目都已经有一套绩效指标体系），更重要的是考虑优化全面预算指标体系设置，真正提升全面预算绩效管理效果。从正面角度讲，未来全面预算绩效管理要进一步强化“物有所值”，包含货币资金和各种有形、无形资产要充分发挥效益，强化财政预算绩效与人力资源绩效、行政绩效的深度融合，共同促进政府绩效，强化目标与资源的匹配，依托强大的信息系统完成有效融合，强化工作优先排序，考虑愿景、战略优先级；从反面角度讲，也要考虑到现实中全面预算绩效管理还存在一定的“风险点”：一是过于追求指标量化（实践中存在这种量化导向，尤其是第三方机构脱离业务单纯考虑工作便利性和呈现效果更倾向于全盘量化）；二是忽视社会效益和民众意见；三是指标应对处理不好引发非成本性问题；四是抑制积极性，降低效率。未来相关方面研究和实践都可侧重上述内容并规避有关风险，风险防范也是管理，一正一反两个角度全面着力，更能提升全面预算绩效管理的“绩效”！

参考文献

［1］ Angelopoulos K, Tsionas P E. Does public sector efficiency matter? Revisiting the relation between fiscal size and economic growth in a world sample ［J］. Public Choice, 2008.

［2］ Caridad M. Performance Budgeting and Medium Term Expenditure Frameworks: A Comparison in OECD Central Governments. Journal of Comparative Policy Analysis: Research and Practice, 2019, Vol. 4.

［3］ Carl G. Thor. How to Find, Select and Display Performance Measures in Government ［J］. Journal of Cost Management, 2003, 17 (3): 31 –38.

［4］ Cavalluzzo K S, Ittner C D. Implementing performance measurement innovations: evidence from government ［J］. Accounting, organizations and society, 2004, 29 (3 –4): 243 –267.

［5］ Coase R H. The Nature of the Firm ［J］. Economica, 1937, 4 (16): 386 –405.

［6］ Hawke L . Performance Budgeting in Australia ［J］. Organisation for Economic Cooperation and Development (OECD), 2008 (3).

［7］ Herzberg F. One more time: how do you motivate employees? . Harvard Business Review, 1968, 46 (57): 145 –172.

［8］ Herzberg F. Work and the nature of man ［M］. Oxford, England: World, 1966.

[9] Kelly J M, Rivenbark W C. Performance budgeting for state and local government [M]. Routledge, 2014.

[10] Lauth T P. Perforniance evaluation in the georgia budgetary process [J]. Public Budgeting & Finance, 1985, 5 (1): 67 - 82.

[11] Ridgway, Dysfunctional Consequences of Performance Measurements, dministrative Science Quarterly, 1965, 1 (2), 240 - 247.

[12] Robinson M. Best Practice in Performance Budgeting [R]. Discussion Papers in Economics, Finance and International Competitiveness, 2002.

[13] Yimer M. Mediumterm Expenditure and Budgetary Practices in Ethiopia. International Journal of Economic and Business Management, 2015, Vol. 4.

[14] [美] 艾尔菲·科恩著，冯杨译. 奖励的恶果 [M]. 山西：山西出版传媒集团，山西人民出版社，2016.

[15] [美] 彼得·德鲁克著，齐若兰译. 管理的实践 [M]. 北京：机械工业出版社，2006.

[16] [美] 杰瑞·穆勒著，闫佳译. 指标陷阱 [M]. 北京：中国出版集团，东方出版中心，2020.

[17] 包国宪，张蕊. 从“预算绩效”到“绩效预算”——我国预算绩效评价回顾与展望 [J]. 兰州大学学报（社会科学版），2019，47 (5)：52 - 60.

[18] 伯利，米恩斯. 现代股份公司与私有财产 [M] 台湾：台湾银行出版社，1982.

[19] 财政部财政科学研究所《绩效预算》课题组（世界银行技援项目）. 美国政府绩效评价体系 [M]. 北京：经济管理出版社，2004.

[20] 蔡武. 加强文艺生产创作引导 促进精品力作不断涌现 [N].

人民日报，2011，10（14）：7-8.

［21］曹堂哲，陈铭媛，潘昊．英国政府预算绩效管理中的成本收益分析——溯源，制度，应用与展望［J］．财政监督，2020（12）.

［22］曹堂哲，纪元．英国政府预算绩效管理的新发展——单部门计划（2015—2020）的演变与逻辑［J］．中国行政管理，2021（1）.

［23］曹堂哲，罗海元．部门整体绩效管理的协同机理与实施路径——基于预算绩效的审视［J］．中央财经大学学报，2019（6）：3-10.

［24］曹堂哲．部门预算绩效管理：战略、预算与绩效的系统集成［M］．北京：中国财经出版传媒集团，中国财政经济出版社．2020.

［25］曹志峰，汪霞．世界一流大学重点学科评价模式的比较分析［J］．江苏高教，2018（1）：13-18.

［26］曾鹏，李培贵，赖勇，张俊．公立医院绩效管理工作平衡计分卡的应用分析［J］．中国农村卫生，2019（11）：67-69.

［27］曾瑞明，许敏，程玉莲．公共管理学［M］．北京：清华大学出版社，2013.

［28］陈慧．价值导向下公立医院薪酬制度改革实践与思考［J］．财会通讯，2019（25）：22-25.

［29］陈利娜，张丽华，刘艳．基于 RBRVS 的医技科室绩效分配实践与思考［J］．中国卫生质量管理，2020（9）：103-106.

［30］陈林．公立医院的预算绩效管理探究［J］．商业会计，2022（6）：111-113.

［31］陈卫琴，顾琴华，王之洁．公立医院绩效薪酬分配体系改革探讨［J］．智慧健康，2018（1）：3-4.

［32］陈英，周徐红，许靖等．上海市浦东新区公立医院院长年薪制改革方案研究［J］．中国医院管理，2019（7）：13-15.

［33］程伟，王福友．双一流背景下省属高校学科建设面临的挑战

及应对［J］. 黑龙江高教研究，2018（4）：69－73.

［34］仇媛雯，责慧，姚晶晶，胡袁远等. 基于 RBRVS 与 DRG 的公立医院绩效薪酬考评应用探索［J］. 中国卫生经济 . 2019（4）：72－75.

［35］楚存坤，孙思琴，韩丰谈. 基于层次分析法的高校图书馆学科服务评价模式［J］. 大学图书馆学报，2014（6）：86－90.

［36］崔育宝，李金龙，裴旭，万明. 我国世界一流大学建设评价体系的构建及完善论思［J］. 学位与研究生教育，2017（11）：23－29.

［37］崔育宝. 我国“世界一流大学”建设评价研究［D］. 合肥：中国科学技术大学，2018.

［38］单艳艳. 全面预算绩效管理在县级政府实施中的困境和改进路径探析［J］. 会计师，2021（20）：119－120.

［39］丁甜，周文婧. 新医改背景下关于绩效管理和薪酬体制的剖析［J］. 科技与创新 . 2018（20）：110－111.

［40］董文杰，财政支农政策对城乡经济一体化发展的效应研究［D］，重庆：西南大学，2017－11－24.

［41］杜杏利，郑菁，李卉等. 运用卓越绩效理论促进医院领导力提升. 中国医院 . 2018（6）：3－4.

［42］方卿. 多管齐下治理文化市场“低俗病”［N］. 人民日报，2016，2（22）：7.

［43］冯用军，赵雪，中国“双一流”战略：概念框架、分类特征和评估标准［J］. 现代教育管理，2018（1）：12－18.

［44］付强. 基于内部控制视角下机关事业单位专项资金管理的困境及对策研究［J］. 交通财会，2021（5）：65－69.

［45］付英杰，王健，孟彦等. 国际视角下我国公立医院薪酬制度改革现状研究［J］. 卫生软科学，2019（9）：24－28.

［46］高珊珊．文旅部：深化国有文艺院团改革 培育艺术领军人才［N］．北京日报，2020，10（16）：5.

［47］高魏魏．行政事业单位绩效评价问题及对策研究［J］．中国乡镇企业会计，2021（5）：118－119.

［48］高影．基于平衡计分卡的高校绩效评价体系研究［J］．行政事业资产与财务，2021（7）：38－40.

［49］苟燕楠，李金城．当代中国预算绩效管理：理论发展与实践探索［J］．求索，2019（4）：174－181.

［50］管勇．点数法薪酬模式对公立医院综合改革促进作用机理探究．中国管理信息化，2019（11）：134－136.

［51］规范委托第三方机构参与预算绩效管理［N］．兵团日报，2021，2（14）.

［52］桂菊．高校财政专项资金绩效评价研究——以双一流建设为例［J］．商业会计，2019（7）：77－79.

［53］郭巍，李文芮，陈玉方．新形势下加强和改进地方人大预算绩效监督研究［J］．财政科学，2020.

［54］韩礼健，田清平，王鹏远．医药分开综合改革下公立医院绩效分配实践及思考［J］．中国医院管理．2021（1）：77－79.

［55］韩志毅，董华超．构建部门整体绩效指标标准体系的山东经验［J］．中国财经报，2020.

［56］何文盛，何忍星．基层政府如何驱动预算绩效管理改革？——基于38个县级政府的定性比较分析［J］．中央财经大学学报，2023，428（4）：27－37.

［57］何宪．公立医院薪酬制度改革若干问题的思考［J］．中国人事科学，2021（1）：1－12.

［58］胡百灵，赵子琪，方芳．“双一流”背景下高校科研绩效综

合评价研究［J］. 中国高校科技，2020（Z1）：53－56.

［59］胡冰，韩蕾. 高校实施全面预算绩效管理的难点及对策研究［J］. 会计师，2022，394（19）：132－134.

［60］胡林辉. 推动社会主义文化大发展大繁荣专题解读［M］北京：中央编译出版社，2011：18－20.

［61］胡志勇，王泽彩. 预算绩效指标体系构建的标准及其应用［J］. 经济纵横，2020（12）：92－99.

［62］黄达人. 大学的观念与实践［EB/OL］. 中国教育在线，2019－07－24. https：//www. eol. cn/news/yaowen/201907/t20190724_1674071. shtml.

［63］黄晓宁. 省级公立医院薪酬制度改革浅析［J］. 经济师，2019（3）：227－228.

［64］冀隆炜. 平衡计分卡在事业单位绩效评价中的应用［J］，合作经济与科技，2009（4）：2－3.

［65］加快建成全方位、全过程、全覆盖的预算绩效管理体系——财政部有关负责人就贯彻落实《中共中央、国务院关于全面实施预算绩效管理的意见》答记者问［J］. 财务与会计，2018（20）.

［66］焦贵荣. 基于主诊医师负责制的医院绩效奖金方案设计［J］. 中国医药管理，2020（11）：107－109.

［67］景小勇. 国家文化治理背景下国有文艺院团的定位与发展理念研究［J］，艺术百家，2016（6）：1－10.

［68］金玉. 行政事业单位全面实施预算绩效管理研究［J］. 现代审计与会计，2021，383（2）：41－42.

［69］卡普兰，诺顿. 平衡计分卡——化战略为行动［M］. 广州：广东经济出版社，2013：147－148.

［70］卡普兰，诺顿. 战略地图——化无形资产为有形成果［M］.

广州：南方出版传媒、广东经济出版社，2005：10.

［71］卡普兰，诺顿．战略中心型组织——平衡计分卡的制胜方略［M］．北京：北京联合出版公司，2017：115.

［72］雷志勤，李建军，雷亚明．大型公立医院绩效管理实践研究［J］．会计之友．2018（8）：122－127.

［73］科斯，阿尔钦，罗斯．财产权利与制度变迁——产权学派与新制度学派译文集［M］．上海：上海人民出版社，2000.

［74］李爱芳，金鹏，张彬等．建立公立医院薪酬水平调控机制探索［J］．中国卫生经济，2019（1）：19－21.

［75］李斌琴，彭旭，丁云华．“双一流”背景下部委属高校与地方高校的协同发展——政策研究视角［J］．当代教育科学，2018（1）：27－31.

［76］李红霞，周全林．中期预算框架下预算绩效改革：逻辑起点与路径选择［J］．当代财经，2019（1）：27－35.

［77］李丽．经营业绩评价从入门到精通［M］．北京：机械工业出版社，2012：34－39.

［78］李睿琪，宋秋华．EVA与绩效评价理论基础的概述［J］．时代金融，2017（3）：193＋196.

［79］李文斐．高校全面预算绩效管理探索——以H高校为例［J］．现代商贸工业，2022，43（23）：122－123.

［80］李晓燕．基于三级公立医院绩效考核的运营效率内部考核研究［J］．经济，2020（12）：241－242.

［81］李燕，刘毅．我国公立医院实行院长年薪制探讨与思考［J］．江苏卫生事业管理，2019（4）：422－425.

［82］李洋，秦玮，冯华等．以相对价值为基础的医师绩效薪酬分配模式研究［J］．中国医院管理，2015（5）：51－52.

［83］李业昆，韩帅，海勤．公立医院综合绩效奖金计量模型研究［J］．卫生经济研究，2021（1）：62－65.

［84］梁占省．公立医院实施全面预算绩效管理的相关思考［J］．财会学习，2022（9）：74－76.

［85］林慕华．准确把握全面实施预算绩效管理的路径体系［J］．中国行政管理，2018（11）：6－7.

［86］林琼．《儒林外史》关于科举考试的书写［J］．武陵学刊，2018（1）.

［87］刘博，谢宇，赵晓娟．公立医院薪酬改革的理论分析及实现路径［J］．中国医院管理，2018（5）：69－71.

［88］刘成．当代马克思主义文艺理论中国化的最新成果［M］北京：作家出版社，2018：23.

［89］刘海涛．世界大学学科排名与我国一流学科建设——基于2016年QS世界大学学科排名的分析［J］．研究生教育研究，2017（3）：65－71.

［90］刘巾．薪酬制度改革与公立医院绩效考核［J］．管理科学，2019（12）：109－119.

［91］刘昆，肖学．推进财政支出绩效评价带动绩效预算管理改革——兼谈广东财政支出绩效评价的实践［J］．财政研究，2008（11）：19－21.

［92］刘瑞儒．世界一流学科建设中期绩效考核评估研究［J］．研究生教育研究，2018（4）：60－66.

［93］罗威．文化部：以点带面 规范拓展［N］．中国财经报，2017，3（9）：10.

［94］马蔡琛，陈蕾宇．论预算绩效指标框架的构建——基于内外部评价主体视角［J］．云南社会科学，2019（1）：107－113.

[95] 马蔡琛，潘美丽. 中期支出框架视角下的预算绩效管理改革 [J]. 广东社会科学，2021 (1)：34 -42.

[96] 马蔡琛，赵青. 预算绩效评价方法与权重设计：国际经验与中国现实 [J]. 中央财经大学学报，2018 (8)：3 -13.

[97] 茅昌平，杨天，常孝廉. 高校“三全育人”实践中地学专业的育人体系探索 [J]. 中国地质教育，2020，29 (4)：32 -35.

[98] 乔春华. 论高校预算绩效过程评价 [J]. 会计之友，2022，686 (14)：148 -153.

[99] 王雍君. 中国的预算改革：引入中期预算框架的策略与要点 [J]. 中央财经大学学报，2008 (9)：1 -5.

[100] 邬大光. 什么是“好”大学 [J]. 北京大学教育评论，2018，16 (4)：169 -182.

[101] 习近平. 习近平谈治国理政（第三卷）[C]. 北京：外文出版社. 2020.

[102] 肖广华，侯玉燕. 政府会计制度下高校全面预算绩效管理探析 [J]. 会计之友，2020，644 (20)：109 -115.

[103] 颜海娜，鄞益奋. 平衡计分卡在美国公共部门的应用及启示 [J]. 中国行政管理，2014 (8)：120 -124.

[104] 于俊红. 公立医院预算绩效管理实施困境与探索 [J]. 卫生经济研究，2020，37 (1)：63 -64 +67.

[105] 张树红. 政府会计改革背景下预算单位全面实施预算绩效管理研究 [J]. 中国管理信息化，2020，23 (14)：24 -25.

[106] 张晓杰. 正激励与负激励催生绩效之花 [N]. 中国会计报，2021，4 (9)：11.

[107] 张晓杰. 关于预算绩效目标及指标体系设置的思考——基于专业技术人员资格考试预算绩效管理的研究 [J]. 预算管理与会计，

2020（8）.

［108］张晓杰，徐涛．关于项目支出标准建设的思考与建议——以考试项目支出标准建设为例［J］．财政科学，2023（4）.

［109］张晓杰．制定完善项目支出预算绩效指标的“36 字法”［J］．中国财政，2021（3）.

致　　谢

《事业单位全面预算绩效管理实践与案例》一书即将付梓，这是全国高端会计人才培养工程行政事业类七期四个研究预算绩效管理的团队共同的成果结晶。

选定预算绩效管理优化的课题源自实践工作的思考和对治理体系和治理能力现代化的期盼，党和政府作为人民权益的代理机构，一切源于人民，一切为了人民，一切的结果要对人民负责，有一份好的绩效报告是各级机关应该追求的目标。当前中共中央、国务院提出全面实施预算绩效管理既是积极顺应内外部环境，也是直面问题主动作为。然而知易行难，从决策到落地再到优化提升还需要时间，是一项系统工程，需要宏观决策层面、中观支撑层面、微观基础层面集体合力。本书立足于微观层面有代表性的国有文艺院团、省属高校、公立医院、考试中心等的预算绩效评价及管理优化提升，谋求预算绩效的“高质量”发展，在系列案例分析基础上，总结出基于“平衡计分卡”的绩效评价应用模式、“公立医院绩效薪酬改革的思路”、项目支出预算绩效管理指标体系优化的“36 字方法”等，以期对各基层单位有所借鉴。当然，基层单位千千万，职能情况各不同，其绩效工作优化不可能一蹴而就，但需引导其“自发”“着力”推进，不积跬步无以至千里，不起垒土无以搭高台，微观基层可能影响整个绩效管理改革工作的“高质量”。如果本书的研究能对一些基层单位有所借鉴并进而完善其预算绩效管理，则善莫大焉。

回顾过去，万千感慨。入选全国高端会计人才培养工程是收获，也是不小的压力。尤其是在繁忙的工作和琐碎的中年生活之余还要完成系统的学习、课题研究和各种任务，都是不小的挑战。很多次孩子睡后的夜晚挑灯夜战，很多回清晨早早开始理头绪码文字，很多个周末不敢真正放松休闲半天。当然压力也是动力，努力过就发现，我们真的可以做到。

展望未来，我们充满期盼。预算绩效管理优化一直在路上，政府整体绩效管理优化也将一直在路上。我们期待“绩效之花”遍地盛开，我们期待一个更加开放、包容、高效的政府，我们也相信通过改革，一切会越来越好，人民会越来越满意，我们在社会主义现代化的征程上将行稳致远。

全书收官之际，有很多感谢的话想说：

一是要感谢各个课题组的指导老师，按本书编辑顺序，他们分别是厦门国家会计学院的叶丰滢教授、陈艳萍教授、曹艳杰教授、高明华教授，各位老师从课题的选题到研究大纲的确定到研究过程中研究方法的运用再到课题论文定稿全程给予了专业的指导，高屋建瓴、耐心细致，传道授业解惑，让这些实务性很强的论文有了灵魂。其间，预算绩效权威专家郑涌院长、崔华清院长、邓秋云教授等也给出了宝贵的意见建议。各位老师严谨的研究习惯和认真的工作态度让我们敬佩不已，老师的热心和耐心让我们感动不已，有了老师的关心指导和潜移默化的影响，不仅课题论文推进顺利，相信未来深入研究也会充满希望。

二是要感谢财政部会计司和三大国家会计学院，特别是厦门国家会计学院，为我们提供了宝贵的机会和高端的平台，让我们提升自我、结师交友，成就一段难忘的人生经历。感谢厦门国家会计学院，为我们提供了强大的课程培训体系、完善的后勤保障和优质的服务，感谢学院的全体教职和教务老师们，他们严而有道、管而得法，真诚而温暖，让我们舒心、安心又暖心，让我们在厦门国家会计学院这个大家庭里快乐成长。

三是要感谢我们各自单位及其领导同事们，是你们的鼓励和支持给予我们学习成长的机会，是你们的理解与帮助成就了这本书的所有成果。也要感谢论文调研涉及的所有单位。所谓知行合一，学以致用，愿本书的成果能对推进工作发挥作用。

四是要感谢我们行政“七期高端班”的同学们。全国高端会计人才培养工程给了我们在单位工作之外再组团队的机会，并且是长周期相对固定的团队，这非常难得。历次培训中，我们共同学习，共同活动，共同组织，共同成长，共同讨论，共同进步，成就了特定的“高端友谊”——专业、纯洁。更可贵的是，这种友谊不仅出现在培训过程中，而且延续到日常工作生活中，很多人成了无话不谈的好朋友，工作中遇到难题可以随时抛出获取解答，生活上遇到困惑需要畅聊也可以随时“骚扰”，育儿上积攒的怒气和不解也可以因为分享而迅速化解，成长上偶尔的懈怠也会被优秀的同学们迅速瓦解并带动起来。这样的友谊是相互成就的，是十分可贵的，让我们记住这些可爱的名字（按姓氏拼音排序）：曹春乾、陈文婧、陈颖、程光、代伟、董莲莲、董楠、董文杰、杜静、顾霞、何峻、胡伟洁、黄波、黄晓夏、寇丽梅、李宝智、李锋、李国玉、李峻、李琨、李万春、李伟、李旭鸿、李雪辉、李彦敏、梁静、刘冠亚、刘升华、刘雅娟、满孝国、孟焱、聂勇、全洪松、沈东亮、史东华、孙静、孙倩、谭晖、陶拯、涂淑娟、武成刚、徐贵丽、徐红、许能锐、闫丽华、杨平平、易红梅、易雪辉、苑雪芳、张宝山、张吉伟、张凯、张丽华、张烈侠、张晓杰、张之阳、赵美荣、赵宇卓、朱长萍、訾磊。俗话说：一个人可以走得很快，而一群人却可以走得更远，愿亲爱的同学们携手并进，行稳致远！

五是要感谢为本书出版付出辛勤工作的各位朋友们。伍中信教授为丛书作总序，并为本书出版提供经费支持。李旭鸿同学为本书作序。陈颖、陈文婧、聂勇、李雪辉、曹春乾同学为我们写了精彩的推荐。许能锐同学协调全书编写进度。赵美荣同学起草前言部分。杨平平同学和许能锐同学起草后记部分。张晓杰同学起草致谢部分。各项目组对内容分头把关交叉互审。出版社的樊清玉主任以及众多默默地付出艰辛工作的编辑老师亦为本书作出了突出贡献。

最后，要特别感谢始终站在幕后默默支持我们的家人们。无论是课题的研究，还是整个高端培训的全过程，都离不开你们的理解与支持、宽容和鼓励，你们为课题的顺利完成和全书的顺利出版作出了不可磨灭的贡献，向你们道一声最诚挚的感谢和祝福！你们辛苦了！

全书虽已完成，但预算绩效管理优化研究才刚刚开始，高质量发展将是未来一段时间的主旋律。中国式现代化建设亦要求更加科学的预算绩效管理。由于水平所限，书中难免出现不足和问题，恳请各位专家批评指正，我们仍会继续关注预算绩效，关注百姓之期盼，并深入有关研究和实践工作，使之更加充实和完善。相信预算绩效之花将在不远的未来盛放！

张晓杰

2024 年 12 月 11 日

后 记 一

凤凰花开两季，一季旧人走，一季新生来。2019 年 5 月，全国高端会计人才培养工程行政事业七期的学员齐聚鹭岛，开启了为期 6 年培养的第一次集训。在那凤凰花初绽时节，厦门国家会计学院的校园里汇头雁、聚合力，充满着思想的碰撞和共识的凝聚，其间关于预算绩效管理的讨论最为激烈。预算，一头连着政府，一头牵着百姓。钱往哪花？怎么花？花的效果怎么样？这是考验国家治理体系和治理能力现代化的必答题。而预算绩效管理则是回答这道必答题的有效路径，特别是 2018 年，中共中央、国务院发布了《关于全面实施预算绩效管理的意见》（中发〔2018〕34 号），这无疑是预算绩效管理实施过程中具有里程碑意义的文件，文件的发布表明预算绩效管理从部门推动上升到国家层面，也吹响了基本建成全方位、全过程、全覆盖的预算绩效管理体系的集结号，而高端会计人才作为会计改革的践行者，感觉生逢其时又重任在肩。

当拿到培养项目论文选题时，有个声音像凤凰花一样在心底绽开：可以考虑将预算绩效管理与国有文艺院团改革实践结合作为选题！但几乎同时另一个声音在耳畔萦绕：论文选题可以是多人合作，院团改革只有我一个人熟悉，如果作为选题意味着我一个人要独立完成全部内容，这注定是一条难走的路，这个压力你担得起吗？两个声音谁也说服不了谁，夜不能寐，终于下定决心在午夜时分给时任厦门国家会计学院的黄世忠院长和中国财政科学研究院政府绩效研究中心王泽彩主任分别发了信息，坦率地说了一下自己的想法和顾虑，然后颤颤巍巍地等回复。让人意想不到的是两位财务界、绩效界泰斗级的前辈都给出了一致的答复：如果我是你，我就选前者，为什么不走一条难但是有意义的路呢？这两条信息像鹭岛的朝阳一样给了我磅礴力量，于是我在选题项上郑重填上“国有文艺院团绩效支出评价研究”，落笔的刹那，我觉得写下的其实不只是一个选题，而是对自己的行业和职业最深沉的爱。更让我欣喜的是，来自高校、医院、人才管理等单位的同学们不约而同地选择了预算绩效管理在本行业的实践研究作为课题，选择了做预算绩效管理的赶路人和追梦人，因为同学们深知：全面实施预算绩效管理是一场“大考”，中国特色预算绩效管理道路只有在中国这方热土的改革实践中探索才出真知，预算绩效管理设计的基本操作原则和制度建设框架思路要能够反映出中国改革的统领、导向、支撑、标尺、重点，这就需要一批敢创新、勇担当的行业领军人才在时代的洪流里站出来做好时代的考生，共同答好这张时代的考卷。

新发展理念取代旧发展思路的变革时代，我们每个人都是建设者。同行路上，我们遭遇过疫情的冲击和经济下行压力的挑战，也为如何从众多的理论方法中寻找到与行业实践最契合的平衡点，运用学过的理论方法指导不同行业、不同领域、不同层级预算绩效评价指标体系的建构而烦恼，可大家未曾忘记“为学之实，固在践履。苟徒知而不行，诚与不学无异”。困难倒逼我们不断拓展知识、打开视野、提升思维，怀着“功成不必在我”的胸襟和“功成必定有我”的锐气，去直面预算绩效变革之“坎”。“财政收支压力越大，财政体制改革的动力就越足。”这也是业内人士的普遍共识，新常态下的预算压力也让“花钱必问效”的绩效管理改革获得了更多提速动力。步步常由逆境行，极知造物欲其成。预算绩效管理的研究思考像雨后春笋般涌现，厦门国家会计学院郑涌副院长《深化预算绩效管理改革 推进国家治理现代化》，中国科学院何峻同学《科研院所落实预算绩效管理改革的思考》，甘肃自然能源研究所张烈侠同学《“华为绩效管理”对科学事业单位绩效分配的思考》等都是其中难得的佳作，也给了我们 4 个课题组很大的灵感。

春种一粒粟，秋收万颗子。终于在 6 年培训工程的毕业之际，我们关于预算绩效管理研究的成果集结成册，也是从侧面记录了预算绩效管理全面实施 5 年有余，全方位预算绩效管理格局的基本形成，全过程预算绩效管理链条的基本织就，全覆盖预算绩效管理体系的基本夯实，这既是一次预算绩效管理与高端会计人才的双向奔赴，也是一次高端会计人才用文字咏唱芳华，献给会计行业高质量发展的深情告白。著名会计学家杨时展先生曾说过：“会计上，资不抵债要破产；一个知识分子，如果奉献不抵享受，恐怕也只能算是一个破了产的没有价值的人。”很庆幸，我们全国高端会计人才培养工程（原全国会计领军人才）行政事业类七期的学员站在时代的潮头，共同选择走过一段难但是有意义的路，未曾辜负时代赋予我们的使命。感谢相遇，让思想有了碰撞的火花，让我们携手共同画出属于预算绩效管理的同心圆；感谢相遇，让心灵有了温情的交往，我们聚势前行，用属于高端会计人才的情怀和担当，讲出了会计人的故事，传播了会计人的声音。

等待着凤凰花开的日子，我们深知预算绩效管理深化的路依然漫长，希望更多的人加入我们接续前行，赓续奋斗，让预算绩效管理的花朵盛开在各行各业，有力助推经济高质量发展，助推国家治理体系和治理能力现代化。

2024 年 12 月 12 日于北京

后　记　二

全书即将付梓，却仍觉意犹未尽。人们说十年磨一剑。本书却是九人磨了六年，却仍未敢说成一剑。实在是关于全面预算绩效管理的话题甚是复杂和沉重，不管从理论上，还是在实践中，其都难以令人满意。本书只能算是一个初步尝试。

陆游在《临安春雨初霁》中提到“矮纸斜行闲作草，晴窗细乳戏分茶”。在校对本书稿时，我亦想起“书如茶，茶如书”这一话题，于是便有了这篇狗尾续貂的后记二。

好茶耐泡更耐品。在茶的世界里，耐泡是一种品质，耐品则是一种境界。耐泡，意味着茶韵悠久，经得起反复冲泡。茶的叶片在热水的洗礼下，能够一次又一次地释放出香气和滋味。每一次的冲泡，都是对茶叶内涵的一次探索，每一次的品味，都能发现新的感受。这种耐泡的特性，使得好茶如同一本厚重的书，越读越有味道，越品越有深度。耐品，则是指好茶经得起细细品味。“人品茶，茶品人。”品茶不仅仅是为了解渴，更是一种精神上的享受。在品茶的过程中，品味的是茶的香气、滋味、回甘，更是茶背后的春秋光阴和故事文化，亦是君子之交淡如水的情谊。好茶的耐泡与耐品，是茶与时间的对话，是人与自然的交流，是人与人的交心。好书如茶，需要慢品细读。

本书至少有三层可品。其一，这是众作者实践中的预算绩效评价工作，虽然不能说是做得出色，但总归是实践中得来的，字里行间的辛酸待人细品。其二，这是六十位同学同窗情谊的结晶，2018 年入选全国会计领军人才（行政七期）之时，班里同学皆是各单位的骨干，同时更是“上有老，下有小，中间有房贷”的人生负担最大之时，这种情况下同窗学习六年多，实在是人生难得的体验，欢声笑语中的酸甜苦辣咸可待一品。其三，对新技术条件下（特别是以 DeepSeek 为代表的人工智能）的预算绩效管理进行了初步的探索。

不是结尾的结尾，有打油词一首。《如梦令·书茶相融》：窗外东湖日暮，书倦不知几度。茶香淼淼处，字里行间且驻。白鹭，白鹭，可知书茶同路。

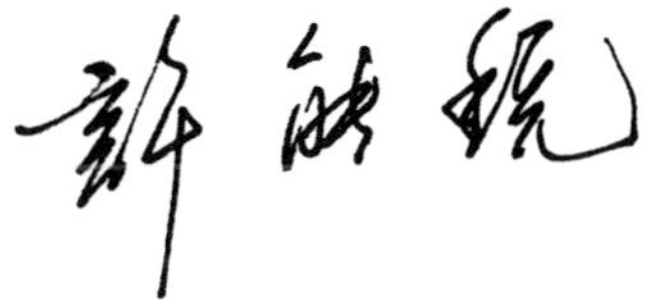

2025 年 2 月 28 日于海口